大展好書　好書大展
品嘗好書　冠群可期

大展好書　好書大展
品嘗好書　冠群可期

武術特輯
80

拳道功法學

李玉栓 編著

大展出版社有限公司

著名武術家李雲龍老師

著名跤術大師楊瑞亭師爺

雲龍老師向作者傳授樁功

與跤術名家李蘭田老師合影

與少林拳師李振江合影　　　　　　與李祿明老師練功合影

師兄葉文平與作者交流劈拳勁力　　與師弟王銀錫交流椿功練法

向兒子李鋼傳授太極拳要領

向徒孫劉朔豪講站樁

傳授樁功

與弟子吳英臣合影

傳授渾元樁法

向弟子雲建軍傳授樁功

作者在思悟大成之道

作者在石家莊公園練功

前　言

　　天下文武之道，文修氣質能充其德智、文明其精神，武練筋骨能強毅健體、野蠻其體魄。文武雙修是揣摩陰陽變化之道的哲學原理，研究悲智身心雙修的終極關懷之學。孟子曰：「天將降大任於斯人也，必先苦其心志，勞其筋骨，餓其體膚，空乏其身，行拂亂其所爲。」文不鄙武以強體魄，武要崇文以內修氣質，苦讀寒窗，聞雞起舞，能忍受坎坷痛苦歷練者，得百折不撓之意志，常言道：「忍受、忍受，能忍受者，實爲磨練精神意志的享受。」

　　三教一體，九流一源，萬法一見。形意拳、八卦掌、太極拳、少林拳及跤術之奧妙精華均是摹仿天地陰陽變化之道，以道之理統拳之變。正所謂「道眞竅不眞，知竅便成眞。祖師眞妙訣，傳藝要擇人」。拳術雖曰武，但實爲智勇順成貴和之術。岳武穆王傳意拳易骨之法，以及明、暗、化勁的三步功夫、三種練法、三層道理，是拳術功夫必先有爲而後無不爲的方法及循序漸進之定理法則。論其剛勁能固徵其異無堅不摧，論其柔勁能尤寄其妙如百練純剛繞指柔，論其心意能無拳、無意、動眞意無爲而至，歸至誠至善的自然道德敎化之境。

　　形之上者爲道，反者道之動，弱者道之用；形之下者爲

器，器爲弩矢，弧矢之利，以威天下。拳仿道爲熔一金而鑄萬物，得其一而萬事畢的智慧之學。深修默悟，能天人相應，順乎自然，達適者生存「己和」的心態。

拳道中博大精深的武學文化，淵源於有「金科玉律」之稱的黃帝內經、黃帝陰符經、四書五經。它起源於春秋戰國時期，興自漢代以來，備受歷代帝王將相之推崇，亦爲有識之士所愛戴。莊子談武論劍，用陰陽變化之道，操文韜武略之用，將武功劍法論至大到安邦治國，定法令，制律典，達不戰而勝於無形之中；小到技擊健身，增勇性，堅毅力，站椿行氣，天、地、人渾然一體，提挈天地，把握陰陽，呼吸精氣，獨立守神。將文武之道的功用特點，論述得精闢明瞭，無微不至。武林名匠巨手無不深讀默悟，深知人道的有限性和「善不積不足以成名，惡不積不足以滅身」「知止不殆，德全不危」之理。

太極拳效仿天地之道的無極而太極，太極動開靜合陰陽消長變化之理而命名。太極拳術最早稱爲長拳、棉拳、軟拳、柔拳等，經數代演變最後稱太極拳，是抱圓演變陰陽變化的玩索之術。

八卦掌效仿天地之道的無極而太極，太極變兩儀，兩儀生爲四象（太陰、太陽、少陰、少陽），四象有四正四斜轉一圓的八卦八方之變。最早有叫「陰陽內外八手」的，爲懷揣陰陽回環八卦手，腳踏四面八方、走圓打點制中之術，名曰八卦掌，是渾圓走轉之術。

形意拳是天、地、人三才誠（藏）圓之術。形是形之上者爲道，形之下者爲器；意動爲一氣通天地，兩氣隔山河。練的是動中縮勁，用的是鷹嘴拳、天星掌，出手迎敵不可

擋。意能波擊四面八方如十目所視，形可觀而意不可測，意動而不外露，是直攻近取、拍位戳擊的誠圓之術。誠者，天之道；誠之者，人之道。誠者不勉而中，不思而得無爲而至，能從容中道者乃爲聖賢之人。易曰：「君不密則失臣，臣不密則失身。」形意拳顧打之法，合人體力學之巧，隱於渾元爭力之中，可謂誠圓內經之術。

形意龍頭太極腰，八卦龍尾一勢曉。形意、八卦、太極拳都是在摹仿天地陰陽變化之道這個載體之上，從陰陽變化的外形方位和實質上象形取意而命名。也可稱爲無極、太極、兩儀、三才、四象、五行、六合、七星、八卦、九宮拳，陰陽拳，圈子術等，名異而實質相同。是始言之一理，中散之萬事，最終復歸合爲一理，拳道陰陽變化而已。

抱圓、渾圓、誠圓（藏圓）內縮外擴旋轉變化，都是陰陽回環手的方圓而變化。雙推掌、摘撞掌、單換掌、雙換掌、穿梭掌、攬衣掌、單鞭掌等，都是一開一合爲變，往復無窮爲通，由一生萬，由萬到一，首尾相交歸虛無。無是有之本體，有是無之作用。萬物靜爲根，靜爲本體，動爲作用。無我無像，外靜內動，以靜制動，拍位戳擊，變化莫測，其理深奧。

拳經歌訣曰：

天旋其外寒暑無窮，身旋其內術命相通。

形之於拳開竅通靈，脾胃健壯百病不生。

順乎自然天人相應，揣摩鍛鍊其樂無窮。

《拳道功法學》一書，意在究其古拳譜之論，以達格物致知之效。內容重點是將太極拳的變化之術、形意拳的內經之精、八卦掌的剛柔之法，以及拳道古譜要論精典加以解

說。涉及拳道禪宗之極軌論說；拳道椿法和「十三太保二十四式」基本功圖說；摔法經譜十四訣用法解說；跤術名講摔法解說；少林、形意、八卦、太極拳名講摔法圖說；形意、八卦、太極拳用法八字回環圖說；李雲龍老師傳岳氏八翻手圖說。

　　本書能夠付梓出版，受益於李雲龍、馬禹山、姜崇昆、吳忠祥、李振江、李祿明、李蘭田老師的傳授，並得到了李景山、王銀錫、戎志明、葉文平、侯增信、張建國、董紀莊等人的幫助與支持，在此一併表示感謝。由於水準有限，確實難盡老師教誨之意，所知所見所悟，只不過是中華拳道武學之一窺，可謂冰山一角，滄海一粟，缺點錯誤再所難免，敬希廣大讀者給以批評指正。

李玉栓

目 錄

第一章
中國拳跤術溯源概略

　　中國拳術淵遠流長。漢代時期已出現跤術，挖掘出土的漢墓中已有摔跤的記載，摔跤在漢代時叫角力。到明代，少林武術大師陳元贇（生於公元 1587 年，1671 年 1 月 9 日卒於日本，終年 85 歲，葬於日本建中寺）1619 年東渡日本，將少林拳術和摔法傳至日本，發展成為今日的柔道。跤術是拳術力學中的精華。

　　拳術相傳為隋唐時期的達摩所傳。達摩，天竺（今印度國）人。留居中國 9 年，卒於禹門（龍門）千勝寺，葬於熊耳山。達摩生前到過嵩山少林寺，為讓眾僧有一個強健的身軀，更好地進行身心雙修，將漢代華佗所創虎、鹿、熊、猿、鳥五禽戲，演創為少林的龍、虎、豹、鶴、蛇五拳，每種拳法各有其功，即龍拳練精、蛇拳練氣、虎拳練力、豹拳練骨、鶴拳練神。少林拳法以十八羅漢手、心意拳、心意把、柔拳為最。精而習之，有龍行虎奔之效。眾僧每天持之以恆練習，由此習武演技拳跤之風大振。

　　此外，一些武術名匠巨手、江湖絕技之士，因種種原

因也曾藏匿於佛門聖地傳授、練習拳術。以強悍尚力克敵制勝為究竟之目的，以禪宗的從容儒雅、忍辱戒妄為解脫之最，克好勇鬥狠、驕矜拔扈、粗魯不文之舉，修悟所謂「了解人間生死念，便覺當前火自涼」之境界。這對少林拳術的完善，也起到相當重要的作用。

此術之深造，有內、外功之別，得其外不能不研究於內。內外交修，身心雙習，以達性命雙修絕功極致。此道小則為入世之金剛，大則為出世之寶筏。可謂不登泰山不知山之高，不觀大海不知海之深；山有泰岱，水有江海，人有孔釋不知之境；潛心鑽研，學無止境。

據文字記載，南北宋時期，民族英雄岳飛曾受業於少林侗大禪師。岳飛「脫槍為拳，一體為功」創編傳授了意拳，並有岳武穆王的拳譜文獻在明末清初（1600 年左右）於世留傳，被山西蒲州（今永濟）人姬隆鳳（1602～1683）在終南山得到後，終日揣摩創傳了心意拳。後經數代演變完善，成為今日的六合心意拳、意拳、形意拳。它與太極拳、八卦掌的理論同歸陰陽變化之道理。體用專精，有拳拳具膺之效的惟形意拳是也。

少林、八卦、太極拳雖各有其法道，但均不脫於宋代岳飛拳譜講的一氣、兩儀、三才、四象、五行、六合、七星、八卦、九宮，九九歸一，三回九轉乃一勢之理。五行生剋之法，即一拳能生五拳，七星七拳，五七三十五拳，三十六種練法。

拳譜云：「五行拳、八翻手，跤術十法不能丟。手長身縮臀尾墜，龍蹲虎坐對拔力。重位變成重力波，三點步法後足蹬。首尾相顧有慣性，長腰走臉如神龍。」用法上

為一寸、二踐、三弓箭，起落都打「鑽裹箭」，動中縮勁，跳動蹬點，微動中求速動，開合抽身發力；內扣外擺把身翻，足起望膝，膝起望懷，三尖相照，膝頭領勁；三催六合起隨追的「挾剪之技，能用肩不用肘，能用肘不用手」。

縮身裹肩，猶如捲炮，捲裹越緊，爆發力越大。先裹顧法渾身是法，把把不離橫裹之力。肘膝相合，併剪而上要有鍘切之功。順步鍘切耍潑刀，拗步巧勾緊斬腰，狸貓上樹用勾咬。踩足連環鴛鴦腳與手上下左右旋轉十字找勁，貴在方法，不在力使。推挳兩迅通背合力，臀收尾坐，足下蹬勁，力貫掌心指尖，上下左右圓轉相合一氣。

太極拳是抱圓守一之術，為轉身法；八卦掌是走圈打點橫行直撞之術，為斜身法；形意拳是直攻進取的銳利器技之術，為正身法；跤術是長腰走臉滾纏之術，為擰身法。其通用的手法要點均是由岳武穆王的雙推掌變化而來。

太極拳的順逆纏轉、八卦掌的擰裹鑽翻、形意拳的起鑽落翻，無非是用身體四肢八節左右滾動纏繞擰轉而已，去如鋼銼，回如鈎杆，手不空回，腳不走空。

形意五行向外擴而練之為太極、八卦；太極、八卦向內縮之，求精練實為形意五行。通行秘傳手法均以「陰陽回環牽緣手」為本，演練為「五行回環接手法」。

但這些理論無論怎麼玄妙百出、神乎其神，與天地易理、醫理相聯繫，講一些高深莫測、牽強附會的玄虛之詞，其實都是效仿天地之間博大精深的開合變化之理。「反者道之動，弱者道之用」「禍兮福所依，福兮禍所

伏」，柔弱勝剛強，天下如能知，便能行。

拳跤術是運動鍛鍊中的一種方法，其中的科學性、系統性、人體運動力學理論的正確性，至今仍為體育運動鍛鍊的開展，在理論上提供科學而現實的指導，使學者避免處於霧裡觀花的狀態，克服不懂裝懂、愈傳愈誤的陋習，以免造成誤人子弟的後果。

到明代，傳說由道人張三豐創編了太極拳，明代愛國將領戚繼光在《紀效新書》中將其加以總結應用。拳術中最實用有效的動作有三十二個，稱為「三十二勢」。《紀效新書·拳經捷要篇》中關於崩、撞、沾勁中的沾勁在陰符槍中有所應用，即「你用扎，我用拉，你一回，我就扎，沾法也」。

戚繼光拳術三十二勢及捷要篇拳經之論不脫於岳武穆王的意拳經譜之理，其拳式的攬扎衣、金雞獨立、高探馬、拗單鞭、七星拳、倒騎龍、懸腳虛、邱劉式、下插、埋伏式、拋架子、墊肘、霎步、擒拿、中四平、伏虎、高四平、倒插、井攔、鬼就、指襠、獸頭、神拳、一條鞭、雀地龍、朝陽手、雁翅、跨虎、拗鷹肘、當頭炮、順鷹肘、旗鼓勢，均以子午樁三體式為功，雙推掌（虎撲子）為本，演變為陰陽回環手、拍位戳擊，裡蓋外蓋捋手，長短分龍手，斬截裹挎手，隨意而用。

到 1650 年左右，戚繼光《紀效新書》「三十二勢」和「拳經捷要篇」要說，發展到了河南溫縣陳家溝採納為法，並向外傳播了太極拳。明末清初時期，陳鑫（1849～1929）編著了太極拳理論專著，內容涉及易經陰陽圖說、醫理經絡學說理論等。現傳練各派太極拳的練法大同小

異，在拳論上最精闢而又被世人所推崇的理論，以山西王宗岳的《太極拳論》為最。王宗岳 1791～1795 年間，在河南洛陽、開封一帶練拳並編寫了《太極拳論》，後由武禹襄傳於後人。

八卦掌由何人創於何時今已無從考證，流傳於人間的為董海川。董海川（1798～1882 年）是河北文安縣人，僅傳授了八卦的單換掌和雙換掌，後人發展成八掌，六十四掌，七十二暗腳。

八卦掌以前就有記載。清外史《靖逆記》載由山東王祥在 1797 年傳河南馮克善。1811 年牛亮臣、馮克善曾公開練習八卦掌。馮克善在河北一帶傳授戳腳，戳腳就是鴛鴦腿。與姬隆鳳傳授的形意拳踩足連環鴛鴦龍形腳、八卦七十二暗腳相似，有異曲同工之妙。

八卦由董海川廣傳人間，在董海川以前就有八卦掌隱匿秘練的傳說。

中國拳跤術就像一棵參天大樹，主幹長出許多分枝，分枝好比各式各派的拳跤術運動。由於過去人們封閉保守愚昧無知，對拳跤術運動缺少全面系統的了解而嚴守師門，分門別派，自以為是，相互詆毀爭鬥其不知鍛鍊人體四肢八節皆必須符合陰陽變化規律和人體力學。

拳跤術運動的奧妙，相同無異，可謂「不二法門」是也。常言道「拳無跤藝不高，跤無拳藝不全，拳加跤武藝高」，打法用的「鑽裏箭」，摔法用的「撕崩捅」，拳跤一體，打摔一勢。

到清代末期，保定府號稱「天下第一人」的平敬一大師，在北京召集全國武林高手相互交流研究確定拳術、跤

術通用精要，匯集拳跤術功法「十三太保」和演空「二十四勢」。拳跤術使用「十法十四訣」，即「拉涮吻背槓別挑，撞砍磨踢勾揀抱」，是拳跤術在近代史上極其珍貴實用的精典總結。

從歷史上來看，很多武術名匠巨手出於佛門聖地。達摩傳經說法以來，要求五蘊皆空，身心悲智雙修，後被一些名匠巨手、江湖藝人發展，專門練習武功技擊，操練一些傷人害命的絕技。有些人以衛人自衛為口頭禪，出手投足卻常懷格鬥廝殺之念，這與達摩祖師初創時的心願大相徑庭。

事實上，拳術運動鍛鍊的優越性及其人體力學的科學性，符合天地間博大精深開合之理的自然性和玩悟娛樂性，是我們鍛鍊、陶冶情操的高尚之途。

習武之人如果缺少個人修行而粗鄙不文，以會技擊功夫自居，出口蠻橫無理而言不合道，驕矜之心常存，不博覽經書，內心世界不開闊，遇事缺少思考謙讓，常以血氣方剛用事，久則必遭天譴。

「天生天殺，金剋木而成器，火剋金而熔鑄萬物，水剋火而相濟不燥，土剋水成江河而不泛，木剋土而反生榮機。恩生於害、害生於恩，固窮如無慎三要，大智若愚陰而符。不妄想求貪無煩惱，乃絕利之源，而勝於用師導引之功百倍」。以假為真，以苦為樂，沉於水淵而不知，入於火坑而不覺，自取滅亡，將誰咎乎。

世人多不懂柔弱是立身之本，剛強是殺身之禍之理。故內典五戒首在不打誑語，忍辱戒妄為武術技擊家之所貴。「心不出圈心則安，手不出圈則自保」，以正養身，

以奇用兵，須沉靜專修，可謂斯術之金科玉律。

　　拳術練功站樁講與天地同體、人我兩忘、五蘊皆空。心平氣和默念六字真言，目空萬象，悲智身心雙修。專恆思練，管子之書曰：「思之思之，鬼神通之。」其玄妙非局外人所能知，拳術亦然。拜名師訪益友得訣歸來，猶如驪珠在手，可謂句句甘露，字字珠璣。示性命雙修之方，開萬世修真之路，求師一訣，宜誠心敬悟。

　　天人相應，順乎自然。身體力行，專心致志，始終如一，無過不及，是為聖為賢之大道。專心求之，恆力赴之，不以小乘中乘為快，鍥而不捨則金石可鏤，精神一到則無事不成。心神會力由天授，其神通廣大真有非平時夢想所能見到的，始足見人有參贊化育、五行生剋制化並天地而為。天地陰陽變化之道，為熔一金而鑄萬物也，得其一而萬事畢矣。視人間一切逆心忤耳橫慮之事，俱可以此為炎火業中之清涼妙劑，如是解脫一生受用無窮，此所謂孽海茫茫獲寶筏而安渡彼岸。

　　所謂拳道，實乃中華民族的少林、形意、八卦、太極拳及跤術精華相合之術也。中國拳跤術淺者舉手投足，深者與道合一，打法用的「鑽裹箭」，摔法玩的「撕崩捅」，有真假是非之分，而無門戶高低之別。

　　大江南北武林巨匠豪傑，如湖南衡陽解力夫（外號解瘋子）、淮南黃慕樵（心意拳巨匠）、福建少林心意派高手方怡莊、形意巨匠郭雲深，皆曾闖遍大江南北，拜訪名匠巨手相互交流站樁以及摔法，印證了「拳加跤，武藝高」的道理。杭州蘇乞丐和自然門徐矮子善醉拳和鷹爪功，將陰陽回環手，分為內外接換八手，也屬八卦手一類

的手法。

　　北方形意拳第一代宗師為姬隆鳳（1602～1683）。心意拳第九代宗師李老能（外號神拳李，1803～1888）所傳形意弟子終成大師者有李太和（李老能之子）、車永宏、郭雲深、劉奇蘭、白西元、宋世榮、李廣亨、劉元亨、張占魁、呂國志（李老能之子太和的內弟）、李存義、耿成信（外號獅子）、韓慕俠、郝恩光、喬錦兔、姜容樵、尚雲祥、靳雲亭、蘇孟春、李振邦（李老能之孫，1864～1949）、李復禎（擅長龍形截打）、布學寬、孫祿堂（1860～1933）、王薌齋（1885～1963）、薛顛（外號草上飛）、李雲龍（1912～1992，人稱閃電手）、胡耀貞（外慌胡鐵爪）、呂鳳山、王錦泉、李星階、鄭智勻等，均得「拳道形意」神髓的法門。

　　正所謂五行十法一站樁，耍圈抖圓道法藏，弧矢之利威天下，吸吻榰別挾剪技，人體力學盡精奇。棄糟粕取精華，打拳摔跤歸一家。脫槍為拳器體功，劈槍抖棍練站樁，渾元爭力逞剛強。

　　中國武術源遠流長，與少林在隋唐時期，講拳法當屬宋代岳武穆王「脫槍為拳，一體為功意拳經」。三體式雙推掌，陰陽回環不用想，五行八翻隨意變，「五行合意動、渾元爭力功、持環得樞用」，謂之形意拳也。

　　明代將領戚繼光，《紀效新書》理法強，拳經捷要及三十二勢精又良，各拳吸取相模仿，太極理法盡周詳。

　　明清武術達巔峰，全國高人集北京，「保定奇人平敬一，十三太保」他匯集，「二十四勢」盡精奇。平敬一大師能用「萬法歸宗，始終歸一」之理將拳法化為虛無，由

虛無能變萬法，在拳跤術上靈活應用往復無窮的變通之法。拳跤術之根本是「講陰陽仿道變，強基固本歸丹田，氣充血融壯筋骨。卻疾病利手足，耍圈抖圓旋轉術」「拉涮吻背楦別挑，撞砍抹踢勾揀抱」的挾剪之技。

拳無跤藝不高，跤無拳藝不全，拳加跤武藝高。打形意轉八卦玩索太極歸一家，不知跤法是花假。拳跤術都是耍圈抖圓之術，小者為擰裹鑽翻法，中者為順逆纏繞法，大者為正反拉涮法。上用抒下用插，下部勾咬上部發，「有腳不用瞎招架，練拳學藝也是傻」。

犬牙交錯吻合法，過膝不拿近身法，引化拿發是勝法，巧破千斤是方法，力降十會是功法。「法本無法，無法即法，而法不破快」。形意拳正身法，八卦掌斜身法，太極拳轉身法，跤術用的是擰身法，正斜轉擰是一圈，耍圈抖圓走螺旋，人體力學巧而全。

拳道功法學雖為小技藝，但其理效仿博大精深的天地陰陽變化之道。一陰一陽謂之道，變化莫測為之神。起落開合為變，往復無窮為通。反者道之動，弱者道之用。習練者尤應深悟默識，把握陰陽，提挈天地，呼吸精氣，獨立守神，五蘊皆空，天地同體，肌肉若一，美其食、樂其俗，而高不相慕。順乎自然，天人相應，「觀天之道，執天而行，盡矣」。

拳道功法學是集少林拳、形意拳、八卦掌、太極拳和跤術五者合一、融會貫通的精華。由於涉及內容較多，不能盡其全而論，只能將老師所授的少林拳、形意拳、八卦掌、太極拳及跤術有名講的摔法加以解說，闡明螺旋、楦杆、斜面、圓轉在人體力學上的應用方法，以便與拳跤術

愛好者共同研究學習，傳承發展中華民族武學文化之瑰寶。

　　一句話而概之，形意摔裹鑽翻是誠圓，太極順逆纏繞是抱圓，八卦走轉擰翻是渾圓，少林滾進滾出全盡然，跤術正反拉涮是耍圓。小圈中圈和大圈，隨意變化亂環圈。

第二章
太極拳譜要論解說

一、王宗岳《太極拳論》解說

太極者，無極而生，動靜之機，陰陽之母也。動之則分，靜之則合。無過不及，隨曲就伸。

解說：太極分陰陽，陰陽有虛實動靜。動生陰陽，靜生剛柔。靜為動之本體，動為靜之作用。動開靜合無過不及，開合為變，往復無窮為通。隨曲就伸動中縮勁，方圓相變，可謂弧矢之利以威天下，剛柔相蕩無微不至。

人剛我柔謂之走，我順人背謂之黏。動急則急應，動緩則緩隨。

解說：人用剛而我用柔走化。具體講，拳術講打好手，不打跑手，用兩儀走邊門，走化閃開正中，踏邊區走死角，你進我退，退如風中燕，浪中魚飄然而去，讓對方的剛猛之力找不見著實之處而落空。對方來我則吸化，對方進等於我進，以逸待勞。製造我順人背之勢，讓對方的力偏離開我的中線，而我用黏拿之法使之處於被動地位。

動急則急應，動緩則緩隨，均不出自己的方圓圈，用陰陽回環手隨觸覺而動，長不過尺，短不越寸，顧住五行永無凶。拳打一丈不為遠，變化就在一寸間。

雖變化萬端，而理惟一貫，由著熟而漸悟懂勁，由懂勁而階及神明。然非用力之久，不能豁然貫通焉。

解說：千變萬化都是以陰陽變化之理為載體，仿道變的「反者道之動，弱者道之用」法則原理。由不熟到懂勁，由懂勁到神明，須用功練習之久循序漸進才行，慢了鬆，緊了崩，不緊不慢才成功。

用心文修武練、深思默悟陰陽變化之道，心不出圈而變化，意不思邪保中正，長時間用心練習，方能豁然貫通拳道、人道之理。

虛領頂勁，氣沉丹田。不偏不倚，忽隱忽現。左重則左虛，右重則右杳。

解說：頭自然向上頂勁，收下頜豎頸項，是為虛領頂勁。咽喉屬陰，為五穀津液入食下降之道；頸後屬陽，為精氣上升之徑，後升前降氣沉小腹丹田。不偏是不出自己的方圓圈，不倚是不前栽也不後仰，如持環得樞居中而制外，處近而制遠。動似波浪翻滾忽隱忽現，左重我左邊放鬆，右重我右邊虛空，我之身體猶如有軸之翻板，對方按哪邊都會落空，這就是上下一條線，全憑左右轉。有落空就有實發，一邊化空則另一邊前發，這就是借力打人的方法。

仰之則彌高，俯之則彌深。進之則愈長，退之則愈促。

解說：彼有向上的力，我用移花接木的手法，接手托肘按身向上引而拔其根，謂之仰之則彌高。彼有向下的

力，我接手拿肘扒脖向前下拉涮抹打使之下跌，謂之俯之則彌深。彼前進時向我身後拉引使之前栽，謂之進之則愈長。彼後退時我隨勢用剛促之力而送之，使之後仰，謂退之則愈促。所謂順應接物「來之歡迎，去之歡送」，順而制之則為拳。

一羽不能加，蠅蟲不能落。人不知我，我獨知人。英雄所向無敵，蓋皆由此而及也。

解說：達神定氣寧之境，比喻皮膚神經感覺靈敏，對方勁力有突出冒尖之處就能覺察到，便於引化拿發。彼一挨著我皮膚，我意已入彼骨裡即是此意。這也是人不知我而我獨知人，英雄所向無敵的道理。

斯技旁門甚多，雖勢有區別，蓋不外乎壯欺弱，慢讓快耳。有力打無力，手慢讓手快，皆是先天自然之能，非關學力而有為也。察四兩撥千斤之句，顯非力勝。視耄耋能禦眾之形，快何能為？

解說：上述論說主要講拳術要遵循陰陽變化之道，動用人體力學才行。太極拳術，尚巧不尚力。此處之「巧」，須借助力學的螺旋、槓杆、斜面之功方能奏效。太極拳練至化境，大動不如小動，小動不如蠕動，蠕動之動方有生生不已之內動。初練者快動，不如上乘之功待機在圈內用意等打而有效。

立如平準，活似車輪。偏沉則隨，雙重則滯。每見數年純功不能運化者，皆自為人制，雙重之病未悟耳。

解說：身體上下一條線，全憑左右轉，感受輕重虛實的靈敏度好像天平一樣，受到外力動作則靈活似圓轉車輪。雙腳不能雙重站實，虛實分明則靈活自如，可進可

退，可守可攻，雙重則易致動滯遲緩不靈。細分之全身筋骨肌肉都要有陰陽虛實，下至兩腳，上至兩臂處處都有一虛實，有用力處必有放鬆處。常言道：「騰不出手腳打不了人。」

欲避此病，須知陰陽。黏即是走，走即是黏。陰不離陽，陽不離陰，陰陽相濟，方為懂勁。懂勁後愈練愈精，默識揣摩，漸至從心所欲。

解說：陰陽在此就是虛實，運動的物體必有虛實。一點靈活，兩點沉滯，其理如圓規畫圓一樣。陰陽虛實如門之軸為實，門扇為虛；車軸為實，車輪為虛。虛實相應吻合則圓轉無滯。

拳亦有陰陽虛實，動作圓轉靈活，黏走陰陽不離，就是沾連黏隨，不丟不頂。滾進滾出吻貼黏靠，漸之有功，繼之可從心所欲。

本是捨己從人，多誤捨近求遠。所謂差之毫厘，謬以千里，學者不可不詳辨焉。是為論。

解說：本來能順勢借力發放時，卻強頂硬抗，尋法套招再打；本來能直攻近取時卻出不了手，或不知出手，而左柔右化錯過使用時機，這些都是誤用、功夫不到所致。圈外知引進，圈內知顧打。抓「時機」如用槍打活動靶一樣，動態中的時機一瞬即過。

兩人交手中，用高度警覺的神意能抓住時機，一觸即發謂之神技。要做到這一點，無真傳苦功談何容易？

不懂三尖相照之理和守中用中不離中之法，就如同用槍打靶，槍的標尺、準星處差之毫厘，則打出的子彈就會大大偏離目標一樣。此理學拳者不能不用心揣摩領會。

二、王宗岳《太極拳釋名》解說

太極拳一名長拳，又名十三勢。長拳者，如長江大海，滔滔不絕也。十三勢者，分掤、捋、擠、按、採、挒、肘、靠、進、退、顧、盼、定也。

掤、捋、擠、按，即坎、離、震、兌四正方也。採、挒、肘、靠，即乾、坤、艮、巽四斜角也，此八卦也。進步、退步、左顧、右盼、中定，即金、木、水、火、土也，此五行也。合而言之曰十三勢。

解說：太極拳又名長拳、軟拳、柔拳、棉軟拳，都是在天地陰陽變化之道的載體之上，象形取義而命名。也叫十三勢。行拳時意斷勁不斷，勁斷意相連，動作擰裹鑽翻，進退開合伸縮，如長江大海，波浪翻滾滔滔不絕。用法上是掤捋擠按一氣連，接手就是一螺旋，採挒肘靠引進轉，吻貼黏靠滾動間。

太極拳講八門五步，即掤、捋、擠、按、採、挒、肘、靠、進、退、顧、盼、定，也稱八門五步十三勢。但千變萬化只不過是渾元爭力一勢之變。

三、王宗岳《太極拳十三勢歌》解說

十三總勢莫輕視，命意源頭在腰際。

解說：太極拳十三勢包含四正四斜，五步五行，是陰陽變化於太極一圓圈之中，其理博大精深，無微不至。太極陰陽變化是天地變化之道，能放之於六合以外，能退藏

於密室之內；能遠取諸物，能近取諸身。能把握陰陽，提挈天地，呼吸精氣，獨立守神，則強身健體、精技擊、衛人自衛。習練太極拳之人對十三總勢的陰陽變化之道千萬不能輕視。

命意源頭在腰際，命是命功，是呼吸靜練之功，動練其形而蓄其精為性。拳道的內在精華實質是性命雙修、身心兩習。腰際部位前是丹田氣海，後是命門（也叫後丹田）。腰際充實而活潑，則周天自轉，力由脊發，拔背坐臀，重心下沉，重位變成重力波，強若不倒之翁。

變轉虛實須留意，氣遍身軀不稍滯。

解說：變是陰陽虛實之變，須留意也就是用意，意是心意，眼觀心謀意外發，身外使意，意「非身即身」才是真意。

「氣遍身軀不稍滯」，氣不是後天之濁氣，而是意氣力之動，意之所動氣即赴來，意氣力同步而動，不能有一點遲慢滯留。

靜中觸動動猶靜，因敵變化示神奇。

解說：靜是動之本，動是靜之用。靜中待動，用意進入動轉狀態是為靜。觸是一觸即發，接觸時一有感覺即動。動時接觸沾拿發力時有瞬間的靜，因而動生陰陽，靜生剛柔，動中縮勁，靜中展放。

「因敵變化示神奇」，因敵從人而化，開合為變，往復無窮為通，能隨勢隨勁而變為通，通則化而顯神奇。一陰一陽謂之道，變化莫測謂之神，萬變不離回環手，守中用中不離中，拍位戳擊連手攻。

勢勢存心揆用意，得來不覺費功夫。

解說：練拳走架要專心致志，用心揣測，揆情度理，用意不用力。用意不用力是拳術的高級階段，必經剛勁到柔化勁過渡的痛苦之磨練。

「得來不覺費功夫」，對初學者而言不可行。凡練拳必經三種練法，三步功夫，達上乘高級階段，以苦為樂歸以自然化境之感。初練時必經剛勁筋骨痛苦之礪練，正是不經一番寒徹骨，怎得梅花撲鼻香。

刻刻留心在腰間，腹內鬆靜氣騰然。

解說：「刻刻留心在腰間」，就是時刻注意丹田，外有形內有意，身形後背要上拔，臀尾要下坐，使腰間的前後丹田鬆闊有餘，舒適自然。

「腹內鬆靜氣騰然」，丹田鬆闊自然，呼吸順暢歸丹，丹田之氣動蕩升騰盎然，富有生機。

尾閭中正神貫頂，滿身輕利頂頭懸。

解說：尾閭中正是臀尾下墜，頭上頂，上下中正對拔。神就是神氣能貫頂，有明月輝輝頭上頂的感受。

「滿身輕利頂頭懸」，滿身輕利猶如在水中游動，可謂在空氣中游泳的感受。頂頭懸是有上吊下支拔地欲飛的感覺。練拳能陶醉在天地自然之中，享受呼吸精氣，有天高任鳥飛、海闊憑魚躍之感。

仔細留心向推求，曲伸開合聽自由。

解說：「仔細留心向推求」，是練拳用心向陰陽變化之道而推求。有識之士能推求做人的道理，可謂君子有三畏：「畏天命，畏高位之人，畏聖人之言。」這是順乎人道自然之理，行自我關懷之道。練拳習武之人雖勇而無

畏，但亦有三畏、三不畏之論，三畏即「畏老人，畏小孩兒，畏婦女」；三不畏是「不畏大名氣、大個子、大功夫」。內修外練，感受著空氣的阻力，內心玩索著天地間陰陽變化之道。

「曲伸開合聽自由」，積曲而伸，伸極而曲。曲伸開合，往返進退，動中縮勁，變化無窮。聽是觸覺感受，隨勁自由而動。

入門引路須口授，功夫無息法自修。

解說：運動鍛鍊，可手舞足蹈，仿熊經鳥伸之動，跑步打球跳繩均可，但不能盡拳道之妙境。正宗的拳術還需由老師口授而得。沒有德行修養功不上身，偶而上身也必會行之不遠。有了高水準老師引路，並有恆心、有毅力地堅持不間斷的練功悟道，待功夫上身，方知法本無法，無法即法是也。

若言體用何為準，意氣君來骨肉臣。

解說：「若言體用何為準」的「體用」含義，講體是健身，講用是技擊，標準就是岳武穆王的內外三合。

「意氣君來骨肉臣」的「意氣」是心與意合、意與氣合、氣與力合內三合所使的意氣力，骨肉臣指的是身體四肢八節的外三合，即肩與胯，肘與膝，手與足相合。要用意不用力，非後天之濁氣蠻力所為，身體四肢八節筋骨肌肉無不聽命而動。這裡將心意和身體骨肉之間比喻成君臣關係。

詳推用意終何在，益壽延年不老春。

解說：詳推太極陰陽變化之理用意何在，練拳伸展四肢八節，用意玩索天地之道，悟人生為人處事之理。練拳

時手腳不出自己的方圓圈而變化。出圈就可能為人所制，出圈打人為貪，貪夫殉財，是只見魚餌不見鈎之所為。要懂「心不出圈心則安，手不出圈能自保」，要知止不殆之理。饑渴之害能美食甘露，無饑渴之害而避心害，則心理健康。雖不及於人也能知足常樂、高不相慕，保持愉悅的心理，再加以適當的體育鍛鍊，才能益壽延年。

實際上練太極拳就能做到「益壽延年不老春」？談何容易！這只是運動鍛鍊的一種方法而已，更重要的是心理正見的修悟。

歌兮歌兮百四十，字字真切意無遺。

解說：十三勢歌共一百四十個字，內含天地變化之理，無論為人處事，還是練拳健身、衛人自衛，其意全面而無遺漏。

若不向此推求去，枉費功夫貽嘆息。

解說：「若不向此推求去」的「向此」之意，就是不能離開天地陰陽變化之道這個載體去談理論道、打拳練功，否則就是枉費功夫，可謂粗修盲練，最高也不過是匹夫鬥雞之勇。

四、王宗岳《太極拳打手歌》解說

掤捋擠按須認真，上下相隨人難進。

解說：掤為接手，搭手，見手。起手掤接如鋼銼，回手拉涮如鈎杆，見手要有「來去」之意為掤捋。擠按時有點就發，用中守中不離中，動中活靶有機用，三點一線守正中。看見就使，望見就用，有縫隙就鑽擠而進，斜擠正

按。來為掤捋，去為擠按，擠為斜面，按為正發。四法一勢氣相連，有圈無圈是螺旋，大中小圈隨勢變，招手就在呼吸間，三隻手腳虛實用，出手不勝，必有寒食之心。

「認真」之意非馬虎、不認真之講，而是講拳無貴賤高低之分，而有真假是非之別。真則簡而實用，假的故弄玄虛，嘩眾取寵，言不能行。

具體方法是接手制肘挫肩勾脖拉涮，隨勁擠按耍螺旋。捋手捋肘捋脖頸，順杆爬打，順藤摸瓜捋拿法。捋有內、外捋法之別。上摸肩頭制人頭，下摸一捋制肘頭。順背捋摸臀落勾，狸貓上樹手和足，是捋拿勾揀法。陰陽旋轉倒手用，耍圈抖圓力學成。

「上下相隨人難進」，是將對方高手向上引，低手向下捋，左右向兩側化，上下左右圓轉相隨，用陰陽回環手轉動裹顧如持環得樞，居中制其外，處近制於遠，使其不能侵入圈中得中和之力。

任他巨力來打我，牽動四兩撥千斤。

解說：泰山雖重卻壓不住我，火車、汽車雖快而我不侵線界與之相撞，便不能傷及我。遇有大功夫、大個子、大力氣者不與之正面頂抗，此時用重不如用輕，用輕不如用空，空乃落空之法。不入圈也不留縫隙，沾連黏隨不丟頂，使對方吸不進，推不出，不給對方人體力學著力點，對方可謂有勁使不上，似狗咬刺猬無法下口。

「牽動四兩撥千斤」之論，關鍵是「牽動」二字。引、化、拿、發、勾、捋要牽動對方，對方一動，則有利於我用「拉涮吻背槓別挑，撞砍抹踢勾揀抱」之法。對方重心慣性力向前，就向前發打；重心慣性力向後，就向後

發打；偏左向左削打，偏右則向右斬腰巧勾。用螺旋力使對方猶如進入漩渦內而身不由己時，再用小力便能撥動大力。牽而不動，推而不搖，大力對大力便不能用力學之巧。反過來講，能練至四兩撥千斤之境，談何容易！三年一小成，十年一大成，可謂十年磨一劍是也，學者須有恆方可達此境。

引進落空合即出，沾連黏隨不丟頂。

解說：太極拳是引進落空法，我能守中用中不離中，對方出手，我則引化，使之偏離我中心為落空。合是全身合力發勁。我正他不正，我中他不中，發手就是用，我立人出才是拳。你用扎，我用拉，你一回，我就扎，謂之「引進落空合即出」是也。

不即不離，扔不出，捋不脫，為沾連黏隨。前捋我能跟上前撞，後發我能落空，你走我吸拿，你來我引發，來能吞，走能吐，心存「來去」二意，謂之「不丟頂」。

五、武禹襄《十三勢行功要解拳論》解說

以心行氣，務令沉著，乃能收斂入骨，所謂命意源頭在腰間也。

解說：「心」乃心意，眼觀心謀意外發也。不貪不斂變化於一圈之中，心不出圈則心安，手不出圈則自保。全身一動器物變，易用哪般用哪般。單掌雙掌陰陽掌，虛實應變不用想。眼觀意使，則是練時無人如有人，用時有人如無人。

「命意源頭在腰間」，是強調練太極拳的身法，背不

拔、臀不墜便不能意貫腰際，腰際為前後丹田的重要部位。丹田氣充血溶，血溶則收斂入骨，筋骨才能強壯。

意氣須換得靈，乃有圓活之趣，所謂變換虛實須留意也。

解說：「意」是心意，「氣」是呼吸，心意是陰陽，呼吸是陰陽。變換虛實要留意，處處總有一虛實，無有虛實動作則滯而不靈，有虛實偏沉動作就隨活。虛實猶如有軸之門板，有軸處為實，無軸門板處為虛；猶如車輪一般，軸為陰是虛，輪為陽是實。千萬不能雙重，以免為人所制。

立身中正安舒，支撐八面，行如九曲珠無微不到，所謂氣遍身軀不稍滯也。

解說：立身中正神貫頂，頭頂背拔臀尾下墜，重位變成重力波，支撐八面用意上下、左右、前後六面爭力，意動波擊四面八方。九曲可謂頭、肩、肘、手、胯、膝、足、腰際前、後丹田九個部位，行氣無微不到，隨意氣而遍及周身運動，不能有半點滯留緩慢。

發勁須沉著鬆靜，專注一方，所謂靜中觸動動猶靜也。

解說：所有的發勁均要放鬆，不放鬆就發不了勁。專注一方的內裡是用心意，外觀身手的標準是手尖、鼻尖、腳尖三尖相照。動中縮勁，膝頭用力領勁如開弓，合膝發力如放箭。「靜中觸動動猶靜」，動生陰陽，靜生剛柔，是動中縮勁，靜中展放，動靜開合伸縮也。

往復須有折疊，進退須有轉換，所謂因敵變化示神奇也。

解說：往復兩手如撕棉，折疊可謂是去要有回拉勁，回拉要有前發的捌變勁。凡是變向的來回勁，都要有折疊的捌變過程。「進退須有轉換」，進中跨邊閃正中，退中走邊打偏中。「因敵變化示神奇」，是「弱者道之用」之理在你進我退，你退我進之中的用法。

曲中求直，蓄而後發，所謂勢勢存心揆用意，刻刻留心在腰間也。

解說：「曲中求直」是積曲為直，運柔而剛。「蓄而後發」是先縮後發，動中縮勁，如彈簧縮放，往復無窮。發勁時腰際前丹打後丹，臀收尾坐力向前。命門一突坐窩力，雙掌一撲勁向前。

精神能提得起，則無遲重之虞，所謂腹內鬆靜氣騰然是也。

解說：動看氣勢，靜觀警覺精神。靜中還應有警覺之動，可謂大動不如小動，小動不如蠕動，蠕動才能待機而速動。精神進入動態，猶如電動工具在高速運轉狀態之下，看似不動，實乃速動，如遇物則所向披靡，勢如破竹，銳不可當，決無遲重之虞。

「腹內鬆靜氣騰然」，是講要有很好的內功，四肢八節堅硬如鐵，身法捷如猿豹；用則扣如鋼鉤，戳刺如刀，堅如鐵石，沾連如膠。

虛領頂勁，氣沉丹田，不偏不倚，所謂尾閭中正神貫頂，滿身輕利頂頭懸是也。

解說：外要虛領頂勁腰背拔，內要舌頂齒叩骨自堅，呼吸歸丹壯元氣。身法中正，不偏不倚如射箭，不管中不中，先要自身正。「所謂尾閭中正神貫頂，滿身輕利頂頭

懸」，好似人在水中游泳的感覺一樣。其實平時練拳也就是在空氣中游泳。功深後天地人渾然一體，由丹田呼吸進入體呼吸狀態。

以氣運身，務令順遂，乃能便利從心，所謂曲伸開合聽自由是也。

解說：此氣非濁氣，是自然的呼吸之氣。以氣運身，才能輕便靈俐，隨心意而動。「曲伸開合聽自由」，無論手和足，隨曲就伸，開合發力，跟步曲蓄動中縮勁。「聽」是隨感覺而自由伸縮開合。

心為令，氣為旗，神為主帥，腰為驅使，所謂意氣君來骨肉臣是也。

解說：眼為先鋒，心為元帥，意氣為戰旗，腰為驅動之樞紐。「意氣君來骨肉臣」是指心意為主宰，四肢八節無不聽命而動。太極拳內在實質是用心意去支配肉體運動，外有形，內有意，與形意拳內外三合要求完全相同。

六、武禹襄《太極拳解》解說

身雖動，心貴靜，氣須斂，身宜舒。心為令，氣為旗，神為主帥，身為驅使。刻刻留意，方有所得。先在心，後在身。在身則不知手之舞之，足之蹈之。所謂一氣呵成，捨己從人，引進落空，四兩撥千斤也。須知一動無有不動，一靜無有不靜。視動猶靜，視靜猶動。內固精神，外示安逸。須要從人，不要由己。從人則活，由己則滯。尚氣者無力，養氣者純剛。

解說：以上論說中大部分前已解說，而只有「尚氣者

無力，養氣者純剛」之句抽象不明須解說。尚氣者無力之「力」實際是指人體之濁氣蠻力，幹力氣活兒用的笨力，用於技擊則不靈。

練太極拳是用後天人為之鍛鍊，化去濁氣蠻力，增丹田筋骨內力，用意發出放鬆狀態下的合力。用意能發出放鬆狀態下的合力，發剛力似刀劈斧剁，發柔勁如棉裡裹鐵。拳術謂之換力之功，必經剛、柔、化三個階段。換成後天的「神意之所動，氣即赴來」的「內外六合勁」，謂之純剛。

彼不動，己不動；彼微動，己先動。以己依人，務要知己，乃能隨轉隨接；以己黏人，必須知人，乃能不後不先。

解說：這是講練太極拳到達上乘之功後，才能後發先至。彼一挨著我皮毛，我意已入彼骨裡，即是此意。乃能不先不後，是指掌握出手的時機，對手不入我圈，我不亂動；在似挨非挨著我時，我應手而出，如火燃皮，其手法實為高手神技之法。圈分身前空間圈，手腳六合圈，肘膝鍘切圈。須明三前盼七星，當取莫放鬆。

精神能提得起，則無遲重之虞；黏依能跟得靈，方見落空之妙。往復須分陰陽，立身須中正不偏，方能八面支撐。靜如山岳，動如江河。邁步如臨淵，運勁如抽絲。蓄勁如開弓，發勁如放箭。

解說：以上論說，前已有解。其中「方見落空之妙」，指的是用重不如用輕，用輕不如用空。用空就是不讓對方摸著我的中心力點，使對方有勁無處使。不動如山岳，身動如山移，全身重如灌鉛，重位變成重力波，強若

不倒之翁。

「邁步如臨淵」，是腳下陰陽分明，落地生根。「運勁如抽絲」，是感受空氣的摩擦阻力。

「蓄勁如開弓，發勁如放箭」，是天地人三步操動中縮勁之法。走弓背回拉曲蓄縮勁猶如開弓，渾元爭力如滿弓之弦，撒手發勁如放箭。

行氣如九曲珠，無微不到。運勁如百煉鋼，何堅不摧。形如搏兔之鶻，神似撲鼠之貓。曲中求直，蓄而後發。收即是放，連而不斷。極柔軟，然後能極堅剛。能黏依，然後能靈活。氣以直養而無害，勁以曲蓄而有餘，漸至物來順應，是亦知之能得矣。

解說：「行氣如九曲珠，無微不到」，是指頭、肩、肘、手、胯、膝、足，加上前後丹田九個部位，無微不到。

「運勁如百煉鋼，何堅不摧」，是講全身鍛鍊至運動能放鬆，利用重力、慣性力發出勁力能無堅不摧。形如搏兔之鶻有護肫之形，護住心口部位，如形意拳的身手法之姿勢。起手鷹捉能扣如鋼鉤，出勢虎撲無堅不摧，出手要心起口出，肘不離肋，手不離心，摩護內外五行。

「神似撲鼠之貓」，縮就之力猶如滿弦之箭、壓縮之彈簧，待機一觸即發。收即是放，放而又收，如槍的撞針之簧動中縮勁，連而不斷，往復無窮盡變通之妙。極柔軟如百煉純鋼繞指柔，然後能極剛強。極柔軟不是軟，軟易被人欺拿而為人所制，這裡的「柔軟」是有虛實而放鬆之柔，可謂筋骨要鬆，皮毛要攻。

「能黏依，然後能靈活」，是講能引化拿發，黏住對

方隨勁而變才快而靈活。氣以直養而無害，勁以曲蓄而有餘，漸至物來順應逆來順受。氣以順為要，吸化呼發與動作合拍不亂，不可強憋硬鼓。用時一氣通天地，兩氣時就如隔山河。發勁以曲蓄有餘，要能進一尺時，用五寸則無凶險，並能近站取百發百中之效，否則是一陰九陽根頭棍，有落空自跌之患。物來要先吞後吐，心存「來去」之意，借力縮勁先合後開。知此則得拳道之用法。

七、武禹襄《十三勢說略》解說

每一動，惟手先著力，隨即鬆開，猶須貫串一氣，不外乎起、承、轉、合。始而意動，既而勁動，轉接要一線串成。

解說：著力再鬆開是問力，鬆開對方便不能借力，就沒有被人所乘之患。接手如秤稱物，經不離權，權不離經（古時經為秤杆，權為秤砣）。「起」為起手沾接，知其輕重勁向大小；「承」是外撐有掤勁；「轉」是隨轉走化，行我順人背之勢；「合」是合全身三才之力而打的意思。起承轉合是圓化直發之用。太極拳精華的本源不脫宋代岳武穆和明代戚繼光拳經。

「始而意動，既而勁動」，正是講的心與意合，意與氣合，氣與力合，內外三合一氣貫穿而成。

氣宜鼓蕩，神宜內斂。勿使有缺陷處，勿使有凸凹處，勿使有斷續處。其根在腳，發於腿，主宰於腰，形於手指。

解說：「氣宜鼓蕩」是講丹田之氣的鼓蕩。丹田部位

在腰際，頭頂背拔臀尾坐，腰部才中正安舒，前後丹田才鼓蕩。「神宜內斂」，除精神內視外，內斂還有收筋縮骨之意。收縮抱裹越緊，向外的迸發力越大。這就是岳武穆王拳經「鑽裹箭」的具體練法。

由腳而腿而腰，總須完整一氣，向前、退後，乃能得機得勢，有不得機得勢處，身便散亂，必至偏倚，其病必於腰腿求之。上下、前後、左右皆然。

解說：這幾句是講練拳的身法，先求自己中正不偏，手不出自己的方圓圈，不貪不斂我守我疆。發力先看發落點是否三尖相照，否則易致身法散亂，用力偏倚。上下、前後、左右必於腰腿求之，從根基上做起方可得機得勢。必須做到頭頂背拔，屈膝坐胯，陰陽分明。

凡此皆是意，不是外面。有上即有下，有前即有後，有左即有右。如意要上起，即欲下意，若將物掀起而加以挫之之力，斯其根自斷，乃壞之速而無疑。

解說：以上所言是「反者道之動，弱者道之用」的具體用法，也就是用心意內存「來回變勁」。外形看不出來，所以說不是外邊是內意。

如意要上起，即寓下意，是用指尖先觸壓，再用掌根發力，有一個下按上提折疊之暗勁，好像將物體掀起再加以挫之之力。斷其根之法有拉涮轉撐、杠別挑打、撞砍抹踢勾揀之法。

虛實宜分清楚，一處自有一虛實，處處總有此一虛實。周身節節貫串，勿令絲毫間斷耳。

解說：虛實宜分清楚，全身上下每處都有一虛實。腳下三七勁力不但收單重則隨之效，而且力有勞逸更替之

妙。兩臂也有用力偏重虛實，虛為陽是放鬆，只有放鬆、騰出手來方能發力。這也就是極柔軟然後極堅剛，無堅不摧之理。腰際部位的前後丹田也是前虛後實，前丹打後丹，後丹湧前丹。伸一臂也有虛實之分，起鑽時拇指側為實，小指側為虛，採捋時小指側為實，拇指側為虛。頭頂為實，收前頷為虛。

「周身節節貫串」，體現在身體的起落上，起似蟄龍升天，落似霹靂擊地；起有拔地欲飛之感，頭起背拔、臀尾下墜足下蹬，落時屈膝坐胯身下墜，起落伸縮一氣貫串，不能有絲毫的間斷。

八、武禹襄《四字秘訣》解說

敷者，運氣於己身，敷布彼勁之上，使不得動也。

解說：「敷者」，扶按接手，實為裹顧搭手之法。遇敵交手全憑縮擠成剛強，由縮擠變接手扶按於彼勁之上，使其如網罩身，受束縛不得中合之勢。彼微動，我先動，展身而發。

蓋者，以氣蓋彼來處也。

解說：「蓋」是蓋壓、撥轉，上托下蓋內外蓋手。「以氣蓋彼來處」也是一種氣勢形容，抽象而虛擬。氣再大也不能蓋住對方，非兩臂用內外蓋手不能為之。能蓋住彼手就能打面部，能托起彼手就能打胸肋而擊其中心。

對者，以氣對彼來處，認定準頭而去也。

解說：對是對準著力點，用內三合意氣力，其意是專注一方。對準之法如打槍射箭一樣，三點一線對準靶，也

叫三尖相照。動態中以人為靶，看著就用，望見就使，如用槍打活靶飛碟，對準瞬間即發，特別實用不虛假。能發不發是為拳之大病。

吞者，以氣全吞入於化也。

解說：「吞」是吞吐之法，是物來順應、吞而縮擠、動中縮勁如壓縮之彈簧。以氣吞是吸化呼發，蓄而後發。

「以氣全吞入於化」是講氣勢而言，用吸吞呼發盡其陰陽開合之妙。吞身如鶴縮，出手如蛇奔，吞如開弓，吐如放箭，非全身能收筋縮骨如彈簧，動作捷如猿豹不能為之。

以上敷（扶）、蓋、對、吞四字之法，也可領會為扶按沾拿蓋封吞吐之法，每法雖說意無窮，但也是沾連黏隨、引化拿發、一勢一氣之變。

九、武禹襄《太極拳身法八要》解說

涵胸、拔背，裹襠、護肫，提頂、吊襠，鬆肩、沉肘。

解說：練拳時只有涵胸才能拔背，胸有開合，背有舒拔，胸涵背拔，胸開背舒，這也是處處總有陰陽虛實。

裹襠不是夾襠，向內扣膝為裹。身法上要斜進，起手鷹空抓四平，用護肩掌足下存身，以防對方擊中要害。

護肫猶如猛禽抓物之形，一爪護肫，一爪前抓。肫就是禽類盛食物的嗉子部位（相當於人的胃部）。

具體方法是肘不離肋，手不離心，側身為護肩掌，正身為心起口出顧打兼備，可謂形意拳肘不離肋，手不離心，出洞入洞緊隨身之用法。

「提頂、吊襠」，提是提肩背，頂是頭上頂。吊襠就是臀尾下坐有墜勁。提頂吊襠能使腰際部位鬆闊有餘，便於前後丹田開合動盪，這是尾閭中正神貫頂之論。

「鬆肩、沉肘」，肩有鬆沉提縱，沉為陰，鬆為陽，裏顧要縮沉，發放要鬆展。背不拔，肩不鬆；臀不坐，腰不鬆。肘有下沉上翻，下沉才能撐裏起鑽，落翻為上翻也。

以上身法要求雖名為太極拳身法八要，實是所有拳法均以此身法為不二法門。

十、《楊式太極拳經歌訣》解說

順項貫頂兩膀鬆，束身下氣把襠撐。

解說：「順項」也就是豎脖頸，如此身體後部可精氣上升，前部利津液下降過十二純爐歸丹田。頭頂項豎虎豹頭，可謂獸頭勢。

「貫頂」是精氣貫頂，有明月輝輝頭上頂之喻。「兩膀鬆」是有拔背之功，「束」是縮身，呼吸沉氣歸丹田，撐襠必須屈膝坐胯。

渾元開勁兩捶爭，五趾抓地上彎弓。

解說：全身無處不爭力，兩手撕棉如開弓，前後有爭力。足下抓地如生根，「上」是講手曲如弓，身曲如弓，腿曲如弓。蓄勁如開弓，手似利箭，身似反弓，消息全憑後足蹬。

舉動輕靈神內斂，莫叫斷續一氣研。

解說：動作捷如猿豹，神如縱撲之勢，起落開合如魚

得水。進如潮湧，退如飛鳥歸巢，精神內視。「莫叫斷續一氣研」，掤捋擠按，採挒肘靠均是一氣一圈一螺旋之變。一氣通天地，兩氣不打人。

左右宜有虛實處，意上欲下後天還。

解說：「左右宜有虛實處」，是身體上下左右處處都有一虛實。「意上欲下後天還」，是「反者道之動」的應用，專找來回勁而借之。此勁是透過後天用力學練所得，非先天所為。

拿住丹田練內功，哼哈二氣妙無窮。

解說：「拿住丹田練內功」，是抱住丹田練內功，前凸丹田為哼，後打丹田為哈，哼哈開合呼吸功，形意、八卦、太極拳練法均相同。

動開靜合曲伸就，緩應急隨理貫通。

解說：「動開靜合曲伸就」，是開合伸縮往返無窮。「緩應急隨理貫通」，是急來急應，慢來慢隨，其理是持環得樞，居中制外應變無窮。

忽隱忽現進則長，一羽不加至道藏。

解說：「忽隱忽現進則長」，忽隱是縮，忽現是伸，進則長是身體如龍虎之骨，背拔伸動臂探長。「一羽不加至道藏」，身體四肢靈敏有物則覺，至道藏是反者道之動，弱者道之用，你進我退，你退我追。

手快手慢皆非是，四兩撥千運化良。

解說：「手快手慢皆非是」，講的是後發先至，你微動我先動，實際還是個快。法法有破，而法不破快。

「四兩撥千運化良」，是一種你直發、我曲化的方法，是守中用中不離中，單等來手繞空中。撥開來中就對

中，一呼一吸打法成。

　　掤捋擠按四方正，採挒肘靠斜角成。

　　解說：「掤捋擠按四方正」，是講前掤回捋再擠按，四方去角是一螺旋。

　　「採挒肘靠斜角成」，是採挒肘靠用時要側身為斜角。其實正斜就是奇正轉，守中用中是四正，側身黏靠正反滾轉，背步擰身走臉是摔法。

　　乾坤震兌乃八卦，進退顧盼定五行。

　　解說：八卦也為八掛，陰陽內外掛手法。搭手轉走是外形，空轉八圈也是空，有手拿掛正反涮，對方失重旋渦間，抹踢勾揀順勢用，槓別搜骨能騰空。

　　「進退顧盼定五行」，是前進、後退、左顧、右盼，是用抓倒進退步前拉後發，左右橫耘涮走，步伐中和站定就發力，是一圈一氣之變化。

　　極柔即剛極虛靈，運若抽絲處處明。

　　解說：「極柔即剛極虛靈」，是剛柔的哲學辯證觀。剛即是柔，柔即是剛，越鬆越虛靈。

　　「運若抽絲處處明」，是感受空氣的阻力，縮就回拉如抽絲，發放如潮湧，起落如波浪翻滾。

　　開展緊湊乃縝密，待機而動如貓行。

　　解說：開展宜緊湊縝密，開要展，緊要密，開不出圈，縮緊要密。引到身前勁已蓄，動中縮勁，縮放開合不見其形。「待機而動如貓行」，神如伏貓，一觸即發，發必中而對方不能逃。

十一、楊式太極拳《十三勢行功訣》解說

捌手兩臂要圓撐，動靜虛實任意攻。

解說：接手要有掤勁，其形要圓撐，前手如握盾，後手如握劍。動生陰陽，靜生剛柔，即使兩臂圓撐，內抱外撐渾元爭力，也必須兩臂有虛實，臂內也要有虛實，否則為雙重。手臂不放鬆就騰不出手來，打不了人，也發不了力，手臂能有虛實便能起鑽落翻，順逆纏轉隨意攻打。

搭手将開擠掌使，敵欲還著勢難逞。

解說：「搭手将開擠掌使」，就是遇手一将就按，功深者是一螺旋變化。

「敵欲還著勢難逞」，講的是不給對方正面，右手打來我用右手接，左手打來左手迎，接手制肘廢其另一手。這就是走邊門踏死角，用走轉落空之法。

按手用著似傾倒，兩把採住不放鬆。

解說：太極拳、形意拳、八卦掌的雙推掌、虎撲掌、按掌名異而實同。用時腰身前傾，充分利用自身的慣性力。「兩把採住不放鬆」是講在用按之時，雙手先回採再順力前發，功深者先用拉溯後再發。

來手凶猛捌手用，肘靠隨時任意行。

解說：單手為採，雙手倒接轉換為捌，這就是八卦的單換掌，雙換掌，萬變不離回環掌，拍位戳擊不可擋。能接迎猛手的，首先是守中用中不離中，單等對方手入我中，再伸手換掌用捌勁。

進退反側應急走，何怕敵人藝業精。

解說：對方進我則退，能使對方落空。若打迎擊，對方進則等於我進，不但能以逸待勞，而且能收事半功倍之效。我進時要做到「猶如盤蛇吸食走」，令對方欲退不能。利用對方退走之機，我放吸拉借力而進，可謂拉涮吻靠杠別挑。

　　「反」是反身顧後而後已成前。「側」是側身而進，走兩側踏死角我順人背。「應急走」，走是走化旋轉落空。三十六計，走為上計，你剛我柔謂之走。能變通進退反側應急走，則不怕敵人藝業精。

　　遇敵上前迫近打，顧住三前盼七星。

　　解說：「遇敵上前迫近打」，首先要精顧法，打法從顧法起，先打顧法後打人，原來卻是打本人，打了本人也就顧，顧打齊出武藝精。

　　「顧住三前盼七星」，三前是身前、眼前、手前，七星是頭、肩、肘、手、胯、膝、足。

　　身前三尺以外，五尺以內方可為打擊的空間圈，在此身手不能有虛備，宜警覺神意進入動轉狀態，不可滯呆，因我能打對方，對方也就可能打到我。眼前就是拳打一丈不為遠，變化只在一寸間。手前是我手腳六合圈，肘膝是我鍘切圈。手腳不能越過界限（過膝不拿），過則有為人所制之患。

　　敵人迫近來打我，閃開正中定橫中。

　　解說：鼻為正中線，耳為橫偏線。有人迫近時，我向兩側走閃讓開正中，使彼落空。閃開在兩側定步，即刻就能對對方的橫面中心發手。變被動為主動，以我豎力破對方橫力而取勝，這就是太極五步的用法。

太極十三字中法，精意揣摩妙更生。

解說：太極十三字，是掤、捋、擠、按、採、挒、肘、靠、進、退、顧、盼、定。它是陰陽變化之道在拳術上的應用。雖是十三勢，用時只不過是一氣一勢之變化。

十二、楊式太極拳《十三勢用功訣》解說

逢手遇掤莫入盤，沾黏不離得著難。

解說：「盤」在此指身後腋下部位（心盤）。掤接搭手無論在什麼情況下，也不能讓對方把手插入自己的圈中心，因為對方插手入盤容易使用摔法。我方沾黏不離對方的手，則對方就難以得著。

閉掤要用採挒法，兩手得實急無援。

解說：「閉」當破講，對方用掤，我用採挒法破解，抓手拿肘，兩手抓實對方，正反轉走，用八卦之法拉涮，使其猶如進入旋渦之中，對方著急而無法自援則必敗無疑。

按定四正隅方變，觸手即占先上先。

解說：「隅」為四斜角，「按定」是接手之意。接手後隨勢走中門按四正，走偏門走八卦拉涮。「觸手即占先上先」，是一觸即發搶手入把，單掌換雙掌，雙掌得實為先，則容易造成「我順人背」之勢。

捋擠二法趁機使，肘靠攻在腳跟前。

解說：捋、擠二法是吞吐法的梢節之用，一吞便吐，一捋就擠按，是隨曲就伸的具體應用，即人體力學來回勁的利用。肘靠攻在腳跟前，用肘靠必須把對方引到自己的

腳跟前，方可奏效。

　　遇機得勢進退走，三前七星顧盼間。

　　解說：有機會接手拿肘得實後，用抓倒進退步撕把拉走，使其「坐火車」晃動無根後再發手。「三前七星顧盼間」，是抓把入手時看好身前（腳前）、眼前、手前，裏顧住頭肩肘手胯膝足。身前上節不明，則兩手無依無憑，要護住五行永無凶；中節不明渾身是空，要守中用中不離中，陰陽回環不走空；下節不明易跌空，要腳下陰陽分明，以防裡勾外咬呼拉襠和用樁別挑法。

　　周身實力意中定，聽探順化意氣用。

　　解說：「周身實力意中定」，是全身渾元爭力，心意中定待動。「聽探」就是試探，順化是「你用扎，我用拉，你一回我用扎」。扎即發也，發力是意氣力內外三合法。

　　見實不上得攻手，何日功夫是體用。

　　解說：練太極拳不能誤認為主化不主發，非後發先至不可。本來有人站在你面前猶如活靶子，能發手時卻不動，還等對方微動再先動，則有騎著驢找驢之趣，實為可笑。如果這樣練太極拳功夫，何日才懂得技擊之用呢？

　　操練不按體中用，修到終期藝難精。

　　解說：平時練拳面前無人如有人，出手打人面前有人似無人。出手不勝，必有寒食之心；定力不足，怯而無勇。能化開不動手為最好，萬不得已要動則必勝。

　　「修到終期藝難精」，是指體用衛人自衛而言，文修武練，修練什麼？決不是匹夫鬥雞之勇，是悲智身心雙修，是陰陽變化之道的應用；是苦其心志、勞其筋骨忍受

痛苦的精神毅力之磨煉；是用剛勁練骨質，用柔勁練筋腱，用心意練化勁至誠至善，洗心革面換腦筋，以達道德教化之境。此是拳術的易骨、易筋、洗髓剛柔悉化，練精化氣，練氣化神，練神還虛之論。

不懂此論，修到終期藝難精。

十三、楊式太極拳《用法八字歌》解說

用法八字是「掤、捋、擠、按、採、挒、肘、靠」是也。

解說：「掤」乃起手掤接搭手，接手制肘扒肩勾脖為入手法。「捋」為扣如鋼鈎，抓拿吸拉，正反拉涮，勾掛捋拿牽動。「擠」為向前用掌、用臂合力撞擠。「按」是用單掌或雙掌向前平推直按虎撲撞掌。

「採」是用兩手抓扣對方手臂採摘，接手制肘，用抖勁撕採拉涮。「挒」是用兩手回環倒接換手變勁，用挒就是三換掌，一掤二挒三發力。肘靠法，凡是用肘靠必近身，起落豎橫肘法妙用；「靠」是七星相靠，用頭肩肘手胯膝足，宜用哪裡就用哪兒，不必教條。

三換兩捋一擠按，搭手遇掤莫讓先。

解說：「三換」是用挒法倒接轉換，是爬杆法、順藤摸瓜法。「兩捋」是捋對方胳膊和捋對方脖頸，非用兩手才行。「一擠按」是專找來回勁，向回一拉為捋，隨手變勁向前撞擠推按。

「搭手遇掤莫讓先」，是一接觸對方就黏捋挒進，引化拿發一氣呵成，決不能等勁聽力為人所制。交手時自己

的神意首先要高度警覺起來，進入高速動轉狀態，外靜內動，待機而動，一觸即發。

柔裡有剛攻不破，剛中無柔不為堅。

解說：柔決不是軟，對方用中而來，我用吸拉柔化能把對方剛力引化到一邊，不為所乘就不是軟。我讓對方進，對方進就等於我進，這是他剛我柔，但決不能讓對方破我中線，入我之圈，此為「柔裡有剛攻不破」。

剛不是僵硬，用剛力打出去還能變力，為剛中有柔。遇實則發，遇虛則變，剛直發柔多變。最宜用的是剛發後急抽猛縮，不給對方拿化之把柄，那麼，對方再有力也無環可抓、無柄可拿，此為「剛中無柔不為堅」。

避人攻守要採挒，力在驚彈走螺旋。

解說：要想避開對方的進攻而顧守時，用抓手拿肘採挒法，採為抓拿，挒為正反挒接變勁。用陰陽回環手換掌挒變拍位戳擊，發出的力驚彈而旋轉。擠按發力冷炸驚彈，只要掤接扣拿住對方，用八門五步正反倒把撕拽拉涮轉走（八門、八卦也；五步是抓倒進退步，左右橫涮步，定中發力步），使對方猶如置身於旋渦之中身不由己。

逞勢進取貼身肘，肩胯膝打靠為先。

解說：「逞勢進取貼身肘」，是趁對方進攻時，我身體一滾轉黏靠住對方，用肘打必中無疑。「肩胯膝打靠為先」，是講的七星（頭、肩、肘、手、胯、膝、足）靠。四正法主攻接手就進，四斜法主破過膝進圈就拿。正打斜轉一圈玩，引化拿發不手軟，獅子張嘴抱裹拿，攬衣雀尾抖力發。

十四、楊式太極拳《虛實訣》解說

虛虛實實神會中，虛實實虛手行功。

解說：「虛虛實實神會中」，拳法一站要精通，渾身大字要分明，指的就是「虛實」二字。

虛實、剛柔、鬆緊、曲直、呼吸等都是陰陽的概念範疇。全身處處要有一虛實，頭上頂，脖頸豎起，前虛後實；兩臂無論前後均要有一虛實，前實後虛；一臂也要有一虛實，尺骨側是實，橈骨側為虛；起鑽落翻時拇指側領勁為實，小指側為虛；順杆爬打時小指側為實，拇指側為虛；背部拔背時為虛，舒背時為實；腰部丹田前凸為實，後丹命門為虛；丹田後打為虛，命門為實；提臀為虛，坐臀為實；勁力前三後七時前腿為虛，後腿為實；腳跟顛起為虛，腳尖觸地為實；腳下五趾抓地，前後腳掌為實，腳心涵空為虛；呼吸時吸氣時為虛，呼氣時為實；發力時中正為實，偏中歪斜為虛；圓轉柔化為虛，轉關直發為實；手縮為虛，出手為實。虛實往返無窮為變通，虛虛實實神會中，也就是在心領神會中。

「虛實實虛手行功」，強調了手在迎接變手時，擰裹鑽翻，順逆纏繞手臂的陰陽虛實變化，手行功就是陰陽回環變手。

練拳不懂虛實理，枉費功夫終無成。

解說：練拳不懂陰陽虛實理，也就離開了拳仿道之理，道統拳之法。胡亂舉手投足而動，枉費功夫終將無成。

虛守實發掌中竅，中實不發藝難精。

解說：防守姿勢放鬆為虛，要形鬆意緊；體不鬆動作不靈，意不緊難以應變；虛乃靜也，外靜內動，神意已進入動轉狀態。太極、八卦、形意拳的「掌中竅」，用的是鷹嘴拳、天星掌，出手伸掌都是「刀鉉鈎叉鉗」，圍著頭、頸部轉。手臂的擰裹鑽翻，順逆纏繞只不過是手法的來回翻轉變化而已。

「中實不發」指的是得對方之中點時卻不知道發手，這說明學藝還未精。不管是練哪門拳術，都是看見就使，望見就用，如打槍擊活靶一樣，得中為三點一線即刻觸發。

虛實自有虛實在，實實虛虛攻不空。

解說：「虛實自有虛實在」，指的是全身無論從步法、身法還是手法，處處都有一虛實存在。能做到偏沉則隨，無雙重之病，自會虛靈捷如猿豹。

「實實虛虛攻不空」，主要是指步法。步法有虛實倒陰陽，往復無窮，如槍栓撞針彈簧之伸縮，虛實變化能動中縮勁。攻防不落空，自由往返於進退伸縮之中。

十五、楊式太極拳《亂環訣》解說

亂環法術最難通，上下隨合妙無窮。

解說：亂環是兩手以岳武穆王的雙推掌畫圈走圓，陰陽虛實回環而變化。此處雖是講太極拳，但形意拳和八卦掌的變化手法同樣如此。兩手遵照陰陽變化之理演化為太極拳的攬扎衣、單鞭、十字手等；八卦掌的單換掌、雙換

掌等；形意拳的五行拳。其理法大到走圈正反拉涮，中到抱圓滾轉，小到擰裹鑽翻、順逆纏繞。藏匿於心意中變化無形的誠圓之圈，是拍位戳擊法。它好比是萬礩山上下滾之石，勢如破竹銳不可當。

「上下隨合妙無窮」，立身中正，兩手守中用中不離中，陰陽回環裹顧中，有手時上手接下手隨，兩手旋轉中不離，一接二隨三合打，對方敢來就是靶。龍蹲虎坐亂環耍，拳術真傳不花假。

陷敵深入亂環內，四兩千斤著法成。

解說：「陷敵深入亂環內」，用小圈一接二隨三合打，是打迎擊劈面掌。接手制肘扒脖走，擰轉拉涮八卦步，正反倒把漩渦陷，揀腿槓別隨勢用，四兩能撥千斤才算是大成著法。

手腳齊進橫豎找，掌中亂環落不空。

解說：手上拉涮，腳上給絆，勁向相反，勁力圓轉相合。前後、左右上下對錯找勁，裡勾外咬呼拉襠，對方不倒也心慌。

「掌中亂環落不空」，是講手到腳必到，不到不得妙。手到腳不到，用力瞎胡鬧；腳到手不到，對方抽腿逃；腳手一齊到，打人如拔草。

欲知環中法何在，發落點對即成功。

解說：圓為曲化也，積曲為直。亂環訣的圓圈再妙也不是最終用意，關鍵是發落點對，猶如打槍，三尖相照，對靶而發。

十六、楊式太極拳《陰陽訣》解說

太極陰陽少人修，吞吐開合問剛柔。

解說：「太極陰陽少人修」，是說練太極拳的人，很少有人修悟天地陰陽變化之道，只是將拳就拳而論。其實陰陽變化之道上至安邦治國，下至健身技擊自衛，無所不容。拳道的吞吐、收放、開合、剛柔、呼吸、曲直、動靜、虛實、左右、上下、來回變勁等，都是陰陽的範疇。

正隅收放任君走，動靜變化何須愁。

解說：「正隅收放任君走」，是正斜滾轉隨勢走，收是黏拿吸拉，猶如盤蛇吸食走；有收就有放，是「反者道之動」的具體應用。

動生陰陽，靜生剛柔，動開靜合陰陽變，往復無窮變通。化是自然所為，久練成自然，動手可達不期而至。

生剋二法隨著用，閃進全在動中求。

解說：形意、八卦、太極拳外擴內縮，其精華是金、木、水、火、土五行生剋變化。金剋木砍挑劈砸，木剋橫土要戳擊，水性曲柔如潮湧，火到金化罩面掌，土生土長萬法生，五行生剋變無窮。拳無功一身空，支撐拳法的是渾元樁爭力功。

「閃進全在動中求」，閃是化閃，閃開正中定橫中，是化發一圈之變，全在動中求。動閃要沾連黏隨，不能陰陽離訣，要不即不離，化不遠閃打時才近，「引到身前勁已蓄」即是此意。

輕重虛實怎的是，重裡顯輕莫停留。

解說：對方輕我則輕，對方重我則重，手不出圈而變。遇輕則變，遇實則發。「重裡顯輕莫停留」，意思是圈內接手感覺對方有輕感時，就立即發勁乘虛而進。

十七、楊式太極拳《十八字訣》解說

掤在兩臂，捋在掌中。

解說：掤是接手，開勢有偏門護肩掌，正門混元勢，要前手如握盾，後手如握劍，雖是掤接攔扎之意，但力不可外張，要向內有吸力。捋必須用手掌握扣，起手鷹捉，扣如鋼鈎，抓定力點再捋，捋是正反拉涮也。

擠在手背，按在腰攻。

解說：「擠」是擠撞，一般為兩手合力，手臂合圈用外背擠打，用加強手擠打。「按」分單手按和雙手按，實為虎撲撞掌。按時要用腰攻，腰攻可以發丹田的寸炸力，也可以發彈崩之力。

採在十指，挒在兩肱。

解說：用採時要十指筋梢用力，發爪指之功如鷹攫物。挒是一種轉換變勁，兩臂倒接轉換，如摘撞掌、單換掌、雙換掌、三換掌、護肩掌、玉女穿梭掌等，出手就有挒勁，內含一種螺旋力。

肘在曲使，靠在肩胸。

解說：起落豎橫，肘法妙用。用肘時要用手護心，肘尖凸起。「靠在肩胸」，七寸靠、伏身靠，都是用肩部，吞吸吐靠打用肩胸。

進在雲手，退在轉肱。

解說：進用橫雲，橫乃圓涮也。手有撥轉之能，腳有行程之功，講的就是進法。「退在轉肱」，退如雀躍，如浪中魚，風中燕飄然而去；轉肱是倒捲肱退裏法。

顧在三前，盼在七星。

解說：「顧」乃裏顧也。「三前」乃身前、手前、眼前。身前三尺以外、五尺以內為空間圈，都是擊打的有效範圍。在此範圍內要用神意警覺起來，外靜內動，猶如猛獸撲物之形，以防為人先制。手前，要前手實後手虛，前手虛後手實。前手是先鋒，後手是元帥，前手後手一連環。眼前指的是待機而動，前打一丈不為遠，變化就在一寸間，對方出手不到眼前之圈不動，在將到未到之際，我應手出擊，能做到不先不後是為神技。

「盼在七星」，明三前，顧七星，要看住自己的頭、肩、肘、手、胯、膝、腳，頭護五官五行，避住五行永無凶。肩不讓著手，肘不讓托拿，手不讓刁扣，胯不讓杠別，膝不讓按別，腳不讓裡勾外咬。

定在有隙，中在得橫。

解說：動生陰陽，靜生剛柔，定就是靜。無機可乘變動不止，有機有隙則應立即動中變靜發力擊打。「中在得橫」，也叫得中和之力，方可發力。

滯在雙重，通在單輕。

解說：前已解說，雙重就是全身不知陰陽虛實，遇手自己把自己占實不靈活。下至兩腳，上至全身，處處總應有一陰陽虛實，虛實猶如機械圓輪上的偏心均重鐵，起到偏沉的作用，以增加圓轉慣性力。

虛在當守，實在必衝。

解說：虛靈而不輕浮，遇實能化開，雖虛但不脫離裹顧守中。「實在必衡」，用實發力不能失去平衡，前發後踏，縮身長手，回抽前擁，前擁後坐，不失平衡。

十八、楊式太極拳《太極圈》解說

退圈容易進圈難，不離腰頂後和前。

解說：圈分有形圈和無形圈。有形圈分為大圈、中圈和小圈。大圈是身前三尺以外，五尺以內空間圈；中圈是自己的手腳伸展活動範圍以內；小圈是肘膝以內，腰身以外。無形圈是形意拳所稱的誠圓之術，用意走無形之圈，玩索藏圓之術，歸順陰陽變化之道。退圈是裹顧防守走化，進圈是搶位進攻。防守容易進攻難，打好手、不打跑手，勝在進步，不敗在退步。進必套插，退要雀躍。

「不離腰頂後和前」，腰部居中，背上拔，臀下坐，前後丹田舒鬆活。「頂」是指頭上頂，虛靈頂勁，前進後退方能自顧。

所難中土不離位，退易進難仔細研。

解說：「所難中土不離位」，是立身中正，持環得樞，居其中而制於外，居其近而制於遠。如同射箭，不管中不中，先要己身正。只有守中土找中和，才能應勢而變。

此為動功非站定，倚身進退並避肩。

解說：練功接手在動轉之中，並非站在那裡不動。「倚身進退並避肩」，倚身是倚偎縮身，猶如撲鼠之貓，藏身而進；避肩是熊膀藏肩，守中用中回環護肩裹顧，藏

肩裏肘手外領。側進要用護肩掌顧住面部，也叫避肩。

　　能如水磨催急緩，雲從風虎象周旋。

　　解說：「能如水磨催急緩」，是用陰陽磨轉手，拍位戳擊，急來急隨，慢來慢應，借對方的力量沖勁，猶如流水打磨一樣。

　　「雲從風虎象周旋」，雲從龍身法游身不定，風從虎出勢虎撲。進退好像捲地風，正反拉涮後再旋轉拋摔，用小圈一接二換三倒手；耍大圈走轉用螺旋變摔法。

　　要用大盤從此覓，久而久之出天然。

　　解說：盤就是圈，無形圈用心意變化。小圈則擰裹鑽翻，中圈則兩手回環，大圈則用八卦方法走轉涮拉。大、中、小圈之變化，是利用功力、重力和慣性力而為之。

十九、楊式太極拳《五字經訣》解說

　　披從側方入，閃展無全空。

　　解說：「披」是向身上披衣服之意，有招式名「老僧披衣」，是用摔法的招術，其外形如向自己身上披衣物。用披都要從側面走邊門，用肩背去摔打。接手制肘披肩勾脖頸，都是從側面入手，把對方拉涮至自己的背上。

　　「閃展無全空」，指的是在閃化時，不是閃得越遠越好。遠為空，空是被動閃躲。應做到遠閃不出圈，近閃不頂勁，方能閃化後即變合打。閃化顧打是一氣之變，一氣通天地，兩氣不打人。退而能進，顧而能打，要不即不離，閃化要形合勁空，形離只是閃化，容易錯過出手時機。

擔化對方力，搓磨試其功。

解說：「擔化」是近身用肩吻靠黏貼。不論是打法還是摔法，都是能用肩時不用肘，能用肘時不用手。側身護肩掌、正身回環手都是用肩擔化裹顧。形意拳講熊膀，用時藏肩裹肘，其身形就是擔化落空法。

「搓磨試其功」，搓，挫也，出手「刀叉勾銼鉗」中有挫之用，切脖搓肩，磨動就有手，磨不動則要變手。

嵌含力蓄使，沾黏不離宗。

解說：「嵌」乃收斂縮藏之意，動中縮勁為嵌，勁以曲蓄而有餘。「沾黏不離宗」，宗就是身體中線，進退顧盼定，都要用中、守中、不離中。

隨進隨退走，拘意莫放鬆。

解說：對方進我則退，對方退我則進，要隨對方而動。對方進等於我進，以逸待勞；對方退我則進並要有吸拉之力。「拘意莫放鬆」，是對方進我化退，使對方不得中；對方退我用吸拉力，不讓對方順利退走。「拘意」是阻力之意。

拿閉敵血脈，扳挭順勢封。

解說：拿閉部位主要有兩處，即手腕處和脖頸處。手腕處是脈窩，脖頸處有動脈。起手鷹捉，扣如鋼鉤，勁力入骨，用手抓脈窩之穴位，抓手、拿肘、扒脖橇切。

「扳挭順勢封」，以陰陽回環手用捌勁轉動，拍位戳擊不封而自封。

軟非用倔力，掤臂要圓撐。

解說：軟為柔軟，不是純軟，否則易為人所制。硬而不僵有彈力為剛，剛硬非倔力濁氣。有氣者無力，無氣者

純剛，指的就是先天濁氣笨力，用後天化先天就是意氣力內勁。掤時要用兩臂合抱圓撐，內抱外頂，渾元爭力，攻打時內意要有鋒棱。

摟進圓活力，摧堅戳敵鋒。

解說：「摟」乃摟抱，主要是摔法的耍圈抖圓，拉涮下勢揀腿，摟脖抹踢圓橫力。裡勾外咬吻背槓，都是圓活力。

「摧堅戳敵鋒」，用鷹嘴拳天星掌，出手迎敵不可擋。圓如開弓，直如放箭。一接二抐三發手，摟進圓活陰陽手，戳其敵鋒面部走，出手專打要害部位。

掩護敵猛進，搓點致命攻。

解說：在遇強敵時，先用裹顧法掩護自己。避住五行永無凶，待機搓點致命攻，上打面部下打襠，敵人不倒也心慌。照準對方要害用炸力點擊。也可視情況以罩面破瓜掌，抱臂折拿，踏心掌靈活而用。

墜走牽捱勢，繼續勿失空。

解說：正反拉涮捋拿走動，走轉拉涮加速用力首先應保證自己不能失去重心。要想不失重，搶占圓心給力轉，對方在圓周上步法自亂，失重落空跌翻就是自然而然的事情了。

擠他虛實現，攤開即成功。

解說：用兩手掤圈用擠，對方就會現出勁力的虛實來。「攤開即成功」，講的是一擠對方則退化，兩手由合變分用雙推掌將對方打出。形意拳起如舉鼎、落如分磚就是落翻分攤法。

二十、《太極拳六合勁》解說

攖裹、鑽翻、螺旋、崩炸、驚彈、抖搜。

解說：

攖裹：攖裹是攖轉捲抱內縮。攖裹猶如捲炮，捲得越緊爆發力越大，攖裹勁好比是子彈頭在槍管內的螺旋摧裹，攖是轉，裹是渾身收筋縮骨，動中縮勁。

鑽翻：起鑽落翻也。起如舉鼎，落如分磚。起是去，落是打；起亦打，落亦打。起用拇指領勁為實為陰，小指側為虛為陽。心起口出起橫不見橫，落順不見順，起鑽是去，落翻是打，起也打落也打，為鑽翻。形如搏兔之鶻，守中用中不離中。

螺旋：兩手虛實動轉如磨旋轉，特點是勁向相反，勁力相合。單手攖裹、起鑽落翻為螺旋，螺旋圓能產生慣性力。單手分陰陽虛實，鬆沉不均就有螺旋內勁。雙手有虛實動則就是螺旋力。拳經講「處處總有一虛實」「偏沉則隨、暗含螺旋力」即是此意。

崩炸：是一種渾厚的丹田爆發力，崩是滿弓之弦發出的彈崩力，炸如炮彈爆炸，先裹後炸。用丹田內功前丹打後丹，內炸外崩意外發，收筋縮骨開合併發，槓桿撬崩，臀收尾坐背上拔。

驚彈：用掌指尖部快速出手點擊為驚彈力。可將人打得驚魂落魄，驚呆不已。形意拳的典型踩勁打法，下用腳尖觸地前鑽，或用腳顛打下踩，上用手指尖向前一捅，未及掌根著力對方可能就已被打出。

抖搜：全身用裹抖力，形如猛獸抖毛之狀。一般是抱拿住對方胳膊後，或抓手制肘，用橫抖螺旋之力，毀傷折斷其臂時用抖搜之力；也有用肘頂打抖搜之力的。顧法用回環拍位手滾轉戳擊發抖搜之力，如金雞抖翎。

二十一、楊式太極拳《八要》解說

掤要撐，捋要輕，擠要橫，按要攻，採要實，挒要驚，肘要沖，靠要崩。

解說：

掤要撐：撐乃圓撐也。筋骨要鬆，皮毛要攻。抱圓裹顧勁外撐，有虛有實待機攻。

捋要輕：捋是抓拿捋帶扣如鋼鈎。捋拿正反拉涮時，要用重力拿死使勁力入骨。輕捋實為輕靈，重捋能隨意發放為輕靈。

擠要橫：擠是兩臂合圓，用臂外側圓弧為撞擊點擠打，前發後踏，勁力圓橫，易於翻手橫肘變按。

按要攻：岳武穆雙推掌，形意拳虎撲，八卦雙撞掌，太極按手用法相同。都是演變陰陽回環掌的基本手形，平推直按，出手虎撲為攻；縮手自顧下按為黏，脫手為攻。起如舉鼎，落如分磚是按手虎撲鑽翻法。

採要實：採是用手指抓採，起手鷹抓為採勁。採手腕拿肘關節，下採拉涮兩方便。抓死扣牢為實。

挒要驚：兩手倒接轉換「來回」變勁為挒，如外爬手，內撩手，按下撲上手，回捋前發手等皆是如此。挒勁是「反者道之動」在拳上的具體運用。陰陽回環手都是挒

勁。

肘要沖：用肘要貼靠住對方，寸踐步前沖擊打。起落豎橫，肘法妙用，進寸踐步前沖用抖勁頂撞戳打。

靠要崩：崩是崩彈，近身靠打用寸勁。鐵門閂用肘靠，伏身下式用肩靠，槓別用臀胯靠，其勁如龍抖身崩打，勢不可擋。

二十二、《太極拳全力法》解說

前足奪後足，後足站前蹤，前後成直線，五行主力攻。

解說：「前足奪後足，後足站前蹤」，是我的前腳去搶占彼的後腳時，我的後腳站在彼的前腳處。這就是搶位法，為起手鷹空抓四平，足下存身。

「前後成直線，五行主力攻」，指的是搶位時無論是進中門，還是走邊門，兩腳要前後站在一條線上；五行是進、退、顧、盼、定，用意要搶占邊門死角之位。我進他退不能奪也，用吸拉法使其欲退不能，方可奪之。

打人如親嘴，手到腳要湧。

解說：雙方交手時，首先應用手將對方吸拉引進，手到、腳到、身向前湧，也是六合勁的用法。

左右一面站，單臂克雙功。

解說：是用護肩掌出勢接手制肘，走對方的邊門。這就是走邊門跨死角，雖然只抓住對方的一隻手臂，其功用卻能收到克制對方的雙臂之效。

具體方法是，對方右臂來我用右臂接，對方左臂來我用左臂迎，用的是陰陽變化之道的兩儀之法。進中門抓肘

拿脖拉涮走，也叫「單臂破雙功」，接手抹肩捋肘，另一手順勢扒脖走轉拉涮，破雙功之法。

二十三、《太極拳八字歌》解說

掤捋擠按世間稀，十個藝人九不知。若能輕靈並捷便，沾連黏隨俱無疑。

解說：掤、捋、擠、按仿「反者道之動」之理，應用力學的「來回」勁，四正一圈走螺旋，是一氣之變。

練太極拳要想將沾連黏隨的功夫上身，身法必須輕靈，步法靈活捷便。手化不如身化，身化不如步化。太極叫進退顧盼定，八卦叫脫身換影，形意為上左進右，上右進左三角步。做到沾連黏隨也就是使對方進不能推打，退不能回捋，左右不能對錯巧勾，推不出，甩不掉，不即不離，如絲網罩身、身負重物。

採捌肘靠更出奇，行之不用費心思，果能沾連黏隨之，得其環中不偏離。

解說：採是抓拿刁扣，捌是旋轉變勁。滾進滾出左右轉，貼身黏靠用肘肩。身用斜法心不明，費盡心思亦無用。

能沾連黏隨，則無論用四正或四斜，均能得環中之樞，居中而制其外，不偏離中線，變化無窮。

二十四、《太極拳十六關要論》解說

蹬之於足，行之於腿，縱之於膝，活潑於腰，靈通於

背，神貫於頂，流行於氣，運之於掌，通之於指，斂之於髓，達之於神，凝之於耳，息之於鼻，呼吸往來以口，渾元一身，全體發之於毛。

解說：「蹬之於足」，起如箭落如風，消息全憑後足蹬。「行之於腿」是手有撥轉之能，腿有行程之功，足起望膝，膝起望懷。合膝踩力，「縱之於膝」是曲如盤簧，膝頭開合顛足踩力。「活潑於腰」是腰際有前後丹田之要，前後左右游蕩腰之所為。「靈通於背」是拔背坐臀龍蹲虎坐，重位變成重力波，並有拔地而飛之感。「神貫於頂」是精氣上貫頭頂，明月輝輝頭上頂也。流行於氣，氣充血融，血融骨實。精足氣通，氣通生精，練精化氣之根本。「運之於掌」是手心翻轉，內分陰陽虛實變化運動，抽絲纏絲為擰轉。「通之於指」是舒掌展指意氣力通達指尖。「斂之於髓」是用意收聚丹田，收筋縮骨。「達之於神」是雙眼銳利有神如鷹、鷂、虎、豹。「凝之於耳」是精氣充盈耳聰目明。「息之於鼻」是練靜功調息，動功合拍呼吸不喘。「呼吸往來以口」是講意氣響連聲，丹田吐氣發聲。「渾元一身」是天地渾然一體，進入無我無像的體呼吸階段。「全體發之於毛」是發力時筋骨要鬆，身抽骨縮皮毛要攻，站樁進入毛孔呼吸的高級境界。

二十五、《太極拳功用歌》解說

輕靈活潑求懂勁，陰陽相濟無滯病，若得四兩撥千斤，開合鼓蕩主宰定。

解說：「輕靈活潑」講的是身體四肢八節之能；「求

懂勁」是懂「反者道之動，弱者道之用」，以道統拳之理，以拳仿道之變。

「陰陽相濟無滯病」，是講去中有回，回中有去，上者有下，下者有上，拳打來回勁為相濟。只有用心意陰陽相濟才能速變不滯。「若得四兩撥千斤」之句，指的是用人體力學上下對錯圓轉槓桿合力，拉涮螺旋力，鑽擠斜面力，前錯，回掛力等為之。

「開合鼓蕩主宰定」，開合為變，往復無窮為通。圓圈打開為一，一生二，二生三，三生萬物，始末相交合為無極圓圈，稱為虛無。虛無是實有之本，實有是虛無之用，虛而不虛，不虛而虛方為真虛，虛空變化神速。從無到有，再從有到無，也是從量變到質變的過程。全部掌握拳術手法後，悟透陰陽變化之道在拳法上的應用就是大成；就發生了質的變化，從一招一勢，達到拳無拳，意無意，無意之中是真意的無為而至的高級境界。

二十六、《太極拳授秘歌》解說

無形無象，全體透空。應物自然，西山懸聲。虎吼猿鳴，水清河靜。翻江倒海，盡性立命。

解說：「無形無象」，是天地同體，五蘊皆空，無我無象，渾然一體。「全體透空」，進入天、地、人交泰的體呼吸階段。練拳站樁身體如同飄掛在空中的一個往復通透的空口袋一樣。

「應物自然」，是順乎自然。以拳論是高來挑引，低來下按，中來掤擠，橫來棒壓，你來我退，你退我進，陰

陽相濟。開合吞吐，剛柔虛實，隨曲就伸，都是以陰陽變化之理，應物自然而步入道德教化之境。

「虎吼猿鳴」，用道家的內養功法吞咽玉液還丹之術，腹內發出鍛鍊陰精時的虎吼猿鳴之聲（親見李雲龍師練功能達此境）。

「水清河靜」是指心安情定，清心寡欲；心定神寧，氣行絕象，絕象覺明；覺明則無物，無物則氣行。

「翻江倒海」，是指靜極而動，飲常生酒，咽津液時發出蝍蝍之響，腹內猶如翻江倒海。內氣洗滌著五臟六腑，感覺舒適美不可言。

練拳不知性命雙修可謂登寶山空手而歸。呼吸調息是練命功，練形蓄精是性功，盡性立命是性命雙修。

二十七、《太極歌》解說

太極原生無極中，混圓一氣感斯通，先天逆運隨機變，萬象包羅易理中。

解說：「太極原生無極中」，以天地易理而論，動生太極分陰陽，陰陽兩儀生四象，四象生五行，五行生八卦，八卦生九宮九定，九九歸一圓圈無極也。「混圓一氣感斯通」，五行八卦太極，用心意玩索感通不過是呼吸一氣之功。人未出生前為先天，先天是用臍帶小腹呼吸。後天呼吸逆運先天呼吸，是以後天肺部呼吸，逐步過渡到用小腹丹田鼓盪呼吸，最後無息無象天地同體，用全身的毛孔進行體呼吸。習武打拳是隨動作吸化呼發，隨機而動。

「萬象包羅易理中」，是講天地間陰陽變化之道的對

立統一規律，萬事萬物無所不容，盡在易理之中。如大到安邦治國，小到技擊健身，修心養性。心不出圈心則安，動不越規則自保。

二十八、《太極拳打手要害歌》解說

上打咽喉下打陰，中間兩肋併中心，下部兩臁和兩膝，腦後一掌要眞魂。

解說：「上打咽喉下打陰」和岳武穆王拳經「上打咽喉下打襠，敵人不倒也心慌」的論說一樣。起手鷹捉，黃鷹掐嗉，用虎口抓拿喉頭，「刀叉勾銼鉗」圍著腦袋轉，切脖拿喉戳雙目，不到生死攸關的地步千萬不能用。

「中間兩肋併中心」，左右打軟肋部位，中部打頂心部位。「下部兩臁和兩膝」，是招手就向腿上踹，膝下小腿七寸處是要害。

「腦後一掌要真魂」，探打面部掌手雷，擊打後腦命要歸，用力貫實能將人致命，出手慎之。

打拳習武學技擊、衛人自衛猶如玩火，不慎會自焚其身。出手為禍，縮手為福，要修德積善知忍讓。不能出口言不合道，驕矜自持，久則必遭天譴，應深知柔弱是立身之本，剛強是殺身之禍。

二十九、《太極拳手法勁力陰陽論》解說

純陰無陽是軟手，純陽無陰是硬手，一陰九陽跟頭棍，二陰八陽是散手，三陰七陽猶覺硬，四陰六陽顯好

手，惟有五陰併五陽，陰陽無偏是好手，妙手一招一太極，陰陽變化自然歸。

解說：軟手指的是純虛柔無內彈力，必為人所制。硬手，指的是渾身有僵力，而無有柔彈力，遇手的捋擠不能柔化也必為人所制。

「一陰九陽跟頭棍」，遇手則身體不柔韌協調，容易栽跟頭。「二陰八陽是散手」，二陰八陽無有沾連勁，發手無餘，收手鬆散不連貫而無掤力。「三陰七陽猶覺硬」，剛有餘而柔不足。「四陰六陽顯好手」，四陰六陽的陰陽比例，是趨於陰陽相濟的好手。「惟有五陰併五陽，陰陽無偏是好手」，五陰五陽陰陽平衡不偏，剛中有柔不為硬，柔中有剛不為軟。

「妙手一招一太極，陰陽變化自然歸」，妙手一圈一太極，曲化直發，隨曲就伸，陰陽吻合不離，拍位戳擊，變化歸自然變化之境。

三十、《太極剛柔歌》解說

太極陰陽，有柔有剛，剛中寓柔，柔中寓剛，剛柔相濟，運化無方。

解說：太極陰陽拳術相仿，道理統拳變化無常。有柔有剛，積曲為直，運柔成剛。「剛中寓柔，柔中寓剛」，剛柔互有，吞吐相當。「剛柔相濟，運化無方」，曲走柔化直勁為剛，動中縮勁，隨意收放。弧矢之利，其法道藏，拳威天下，其理精詳。

第三章
形意拳譜歌訣要論解說

一、形意拳站樁功法論解說

　　未習拳先站樁，拳由樁法起而固根基，三年小成，十年大成，萬法出於三體式。站樁為形意拳之神髓矣。得樁法「渾元爭力，收筋縮骨，全身無處不彈簧」則萬事畢矣。

　　拳術鍛鍊，欲得及時充盈，必須堅持站樁而不自誤，方是真道，「道不遠人，人自為之而遠道」。

　　站樁可使勁力由小變大，肢體由弱變強。站樁得道者可使「體形如鑄，身如灌鉛，肌肉若一，毛髮如戟」，進入體呼吸狀態。萬物以靜為根，所以大動不如小動，小動不如蠕動，站樁看似不動，內裡卻蘊藏著生生不已之動。猶如大樹，外表看似不動，但裡面卻有生生不已的生機之動。又如旋轉體，轉得快後看似不轉，看似不動而實為速動，這就是以靜制動之理。站樁是無力中求有力，不動、微動中求速動的功法。

用功時神鬆意緊，肌肉含力，骨中藏棱，神如伏豹，龍蹲虎坐，有拔地欲飛之勢，沖之不開，撞之不散。站椿是拳術平常之法出非常之功效的惟一功法。動者為拳、靜者為椿，拳術之根本功法實為椿法。

二、形意拳精華核心解說

熊鷹兩儀，取法為拳，陰陽暗合，形意之源。一拳一勢，一勢一拳，起手鷹捉，出勢虎撲，發勁五訣，練的是往返進退伸縮之法。

渾元爭力暗含「鑽裹箭」之法。意動為鑽，起手肘不離肋，手不離心，出洞入洞緊隨身；守中用中不離中為裹；脫手而發為箭。

劈拳似斧，用法如刀劈斧剁；鑽拳似閃，移步蹬點上打通天炮；崩拳似箭，前穿之力為崩，如子彈或弓箭穿靶，見空就崩；炮拳似爆，是內裹外炸裹顧一氣之開合；橫拳屬土，萬物土中生，把把不離橫拳。橫拳是鑽裹的圓轉力，是每拳中藏匿的中和勁。裹其力開闊而無阻，起手鑽橫用於裹顧，是熊鷹兩儀中的熊形勁力。打法從顧法起，拍位戳擊，勢如破竹，銳不可當。

以槍彈射擊比喻形意拳「鑽裹箭」，彈藥燃爆為鑽，彈頭穿膛為裹，子彈旋轉出口為箭。彈殼越大，槍筒越長，膛線越好，鑽裹力就越大，子彈射程越遠，而且越有穿透力。拳法的站椿是增大「鑽裹箭」功力的方法，謂之渾元爭力。開弓射箭也是一樣，拉弓為鑽，滿弦為爭裹，放手為箭。槍法出槍為鑽，沾壓回拉為裹，前扎為箭。拳

法起手為鑽，接手沾拿為裹，脫手而發為箭。

心存來去之意，無論單手或雙手，都應用意去感受「去如鋼銼，回如鈎杆」的感覺。形意拳形似立剪子股式，上下左右十字找勁，貴在方法，不在力使。

三、形意拳摔法精義解說

形意拳打法用的是「鑽裹箭」和挾剪之技，摔法用的是「撕崩捅」。形意拳用中正定位去打人，不管打中還是不中，先看己身正不正，如打槍射箭一般講的是打法。摔法是體現勁向相反、勁力相合的耍圈抖圓之技，在形意拳上的體現是上挌、下截、裡外勾，勾掛是形意拳擊無不中之法。上撲下勾，左打右擋，右拿左勾，裡勾外咬呼拉褶，敵人不倒也心慌。

摔法為「撕崩捅」，三字為一勢之法。「撕」是抓拿挌帶、正反撕把拉涮，回拉前推，形如撕棉之功。起手鷹捉，扣如鋼鈎，抓拿撕挌使我順人背，形成螺旋力，建立槓力，由撕挌拉涮可變背轉步打槓杆之力。

摔法的「崩」不是崩拳的前穿之力，是用槓杆原理而撬崩，如用臀崩胯，主要是「從正用斜」建立槓杆力點，發撬崩之力。沾吻靠崩打開如獅子抖毛，烏龍擺尾。

「捅」是回拉前捅勁力對錯的前撲之力。手向前捅，腳向回刀，手腳上下勁向相反、勁力相合的對錯之勁為捅。如腳向回勾、手向前捅，手向回拉、腳向前擋的前後、左右勾錯合力之勁均為捅。

四、形意拳站椿感受解說

形意拳無論是站乘馬椿，還是站合臥椿、魁星椿、兩儀椿、三體椿、渾元椿，都要空胸實腹，內抱外頂，渾元爭力。首先要立意在手。立意在手不會出奇幻、走火入魔等偏差之病。隨著站椿時間的增加，手臂會逐漸出現熱、脹、麻、粗大以及相互吸引或排斥的感覺，既而兩臂之間、手臂與身體之間、下肢之間、下肢與上肢之間會出現既吸引又排斥的感覺，感到身外有阻力。

熱、脹、麻等感覺出現的過程正是經絡血管暢通的過程，也是人體增強抵抗力的過程。形意拳講劈槍抖棍一站椿，站椿能進入拳術萬法之殿堂，是得其一而萬事畢之功法。能否堅持站椿，是衡量一個練功者的專恆持久性、堅韌性及其毅力、品德、心理承受能力高低的標誌。

五、形意拳用意論解說

「萬類一元，聲息相通，意念一動，浪傳十方，猶如十目所示，十手所指。」拳經曰：「拳無拳，意無意，無意之中是真意。」形意拳技擊的最高境界是用意打人。意者，心意也。眼觀心謀意外發，意存動之先，順拖逆送，意存「來去」則合道變之理法。形意拳形簡意誠，五行拳、十二形拳基本上是一式一拳，一拳一式，拳拳具膺，反覆變通無窮。雖外表簡單平常，但其理便於變通用意。

拳擊打法只有直、刺、勾、擺、拋五拳，顧法是一拍

二擋三遮攔，前進後退左右閃，用時卻變化無窮，其理也是「形意」二字之用法。意由眼至心發於外，身外須有意，而意不離身，即非身即身才是意。意存在於周身之外，身外領取身上法度，神理自然得之，神意足不求形骸似。動則合意而得力，不求合而自合。用意還是究其為什麼有此一動，此動作的目的是什麼，能不能隨機變通而動，使勁斷意不斷，意斷勁相連，一氣呵成。

六、形意拳交手論說

形意拳交手法要從「斬截、裹胯、挑頂、雲領」用法八字談起，以盡拍位戳擊之妙。拳道合一，勁以順為拳，是拳仿道之理，道統拳之變的法則。平時練得千斤功，用時不過四兩勁。拳無功一身空，能四兩破千斤，也能一力降十會；能以柔克剛，也能以剛克柔；能先下手為強，也能後發先制，均為陰陽變化的可逆性。萬物靜為根，動為梢，以靜制動其理深奧。所以，大動不如小動，小動不如蠕動，蠕動不如外靜而神意內動。硬打直進用動功時，動手不如動身，動身不如動步，動步要遠不過尺，近不越寸，這就是動中縮勁寸踐步。

挾剪之技法，能用肩時不用肘，能用肘時不用手，肘手連環一氣連。高來挑，低來壓，不高不低用手掛；顧是打，打是顧，出手便是；先打顧發後打人，原來卻是打本人，打了本人也就顧，顧打齊出方為真。形意拳較技打人如用槍打飛碟或移動靶一樣，機會力點瞬間即逝。擊首則尾應，擊尾則首應，擊中則首尾相應。神氣需圓滿無虧，

心意所動，四肢百骸七星七拳一觸即發。猝不及防之術、擊無不中之法為形意拳的特點。

斬截法：拳術之道，陰陽變化莫測謂之神。遇強敵迎快手用斬截打顧法方可奏效。

形意拳用的是斬截落空直中法，八卦拳用的是走轉落空制中法，太極拳用的是引進落空轉化法。形意拳是擊無不中之法、猝不及防之術。所謂落空就是彈不中靶、擊不中目標。用重不如用輕，用輕不如用空，空為落空。引進落空合即出，是謂開合吞吐之法。下開上合如開弓，下合上開槓杆崩，顛足踩打，無堅不摧。形意拳用斬截落空法開合相變，可攻人之堅，克人之剛。因受攔截半徑的限制，對方手不入圈不斬截，對方入圈則要即刻斬前手、截後手裹顧而發。斬截法上可攔截其手，下可斬截其足（用龍形戳腳截蹬對方下肢，可使人致殘，用者慎之），中可棒壓攔截其左右橫擊，有手則斬截其手，無手則斬截其身，如刀劈斧剁，硬打直進無有遮攔。

裹胯法：裹胯是內裹外開，運用肩胯肘膝合剪之力。形意拳打從顧法起，是裹顧進身動中縮勁。手有撥轉之能，腳有行程之功，裹胯是技擊「近身挾剪之技」的具體用法。不合而合是一氣一勢之變，不合是開剪黏靠近身，合是剪切發力。

挑頂法：挑頂是下砸上挑顧打法，用法是高挑擰裹鑽翻擊打，如炮拳用法。頂也是崩，有前穿之勁。下用壓手崩，上用挑手崩。五花炮捶左右盤旋行，臂手好似虎尾鞭，兩拳挑頂如輪翻。

雲領法：雲領是內裹外翻左右裹顧法，定我守中用中

不離中之位。雲領有回環雲領、斬截雲領、引進雲領、走轉雲領，是拍位戳擊的前奏，是擰裹鑽翻走大圈、中圈、小圈使對方偏中落空的手法。形意拳用斬截落空是剛勁，用雲領落空是柔勁。

綜上所述，用法八字是分而言之，具體運用時則要靈活變通，五行合一體，放膽即成功。人為萬物之靈，能遠取諸物，近取諸身，拳法是取其動物搏殺之精義。形意拳雖講五行為功，十二形為法，為初學入門有為之法規，但達有定力的上乘之功時，法本無法，無法即法。心無心心空，身無身身空，神意專心無我為空，空而不空，不空而空是謂真空。空為有之本，有為空之用，拳無拳意無意，無意之中是真意。用心意打六合，以盡形意拳鑽、裹、箭、挾、剪技法之奧妙。人身七星七拳變五行，五七三十五拳加樁拳，共三十六種練法，是一圈一勢一氣之變化。演練往返進退伸縮之法，八性五訣心意敏，一身龍虎之骨任橫行。交手注意要點如下：

（一）交手對敵首先要「一膽，二力，三狠毒」。一膽者，藝高人膽大，敵前先自怯、怯敵者必敗；二力者，功也。拳無功一身空，無功不較技；三狠毒者，手不輕動，藝不輕傳，動不留情，要狠毒，舌頂齒叩，勁力縮骨而出。

（二）對敵在三尺以外、五尺以內的空間圈，自己必須警覺地動起來，出手才能得機得勢。好比是高速旋轉起來的電動機具，外觀好似不動，內裡卻高速轉動，既省電又有慣性動力，無論電鋸還是電鑽遇物則所向披靡、勢如破竹。這就是動而不動，不動而動方為真動。小動似不動的神意內動最快，三七步用於慣性力，二五步用於爆炸

力。前手似抱鈎，後手似握劍。初步可鍘肩焊肘硬打直進，上乘者可一身渾元六面爭力，觸覺隨機而發。

（三）出手總以高不過眉，低不過臍，左右不出肩窩為度，守中線顧住五行永無凶。要守中用中不離中，回環十字當中求生存。重心不失，中線不斷，不管中不中，先看己身正不正，要中正定位、不失平衡再打人。兩手應變之距離，長不過尺，短不逾寸。守住面前尺許空間，待機而動，拳打一丈不為遠，變化就在眼前一寸間，這就是不必遠求尚美觀，只在眼前中間變。對方不入圈則不動，如進手腳六合圈則接引，進肘膝鍘切圈則裹發，肩胯心盤圈則不讓進入。一寸二踐三弓箭，起落都打鑽裹箭。背上拔、臀尾坐，跳動蹬點身法活。機就是敵方出手擊打將著未著我身之即，我應手而擊，無須費力，以靜待動，以逸待勞。知機者以意待之，當稱神手。

（四）要三角蓄力斬截斷其手，直線發力奪其身。陰陽回環手拍位戳擊，演變弧矢之利以威天下之術。蓄勁如弓滿，放手如發箭，渾元六爭力，隨機起落、吞吐、開合、縮放把敵摧。

（五）打人時力不可由內向外張，須由外向內引，其後方能外發。應敵出手前進時不許向敵發，因無縮就之力，發也是虛而無力，實為怯敵無定力，心慌意亂瞎招架，要縮吞回吸沾實再發，出手如同蛇吸食，打人猶如地雷震。

七、形意拳勁力論

形意拳是重力又重法的藏圓之術。法能以巧破千斤，

功能以力降十會。法本無法，無法即法，法不破快。初學者必須先有為有法，這與成為科學家一樣，也必經小學至大學的知識積累過程。拳道必經剛、柔、化三個層次，先剛勁後柔化，達到用意不用力的高級境界。柔化勁練拳時，動作用力能克服空氣阻力即可，身手如在水中游泳，伸縮開合如推波助浪。這就是明勁在手，暗勁在肘，化勁在身。形意拳法五行十二形，一式一拳，步法遠不過尺、近不越寸，守住面前尺許，就是「前打一丈不為遠，變化只在尺寸間」。拳法要有臀坐、腰背對拔的起落波浪力，跳動蹬點槓杆力，左右旋轉向心和離心力，前後吞吐開合伸縮力，三角螺旋槓杆斜面力，前後手兩爭力，全身渾元六爭力。詳述如下。

(一) 剛 力

直豎崩撞如槍之撞針。發力時渾身毛髮皆豎如戟，身抽骨縮勁力脫身而出，其力尖銳，便於以守為攻。

(二) 柔 力

柔力短縮吸化而力長靈活如彈簧，銳力內含待機而發。

(三) 斜面力

有鑽擠擴橫，起橫不見橫之妙。守中出手就有斜面力，以偏擊正，以正擊偏，撐裹翻抖，機靈異常，易於進攻。

(四) 螺旋力

出手撐轉撐裹鑽翻，不論剛柔應接運用，乘隙而入，

最易得力。有引化拋摔與纏繞撐撥之能。

(五)槓杆力

勁力相反、勁向相合的打法、摔法都是槓杆力用法。摔法的十四訣「拉、涮、吻、背、槓、別、挑、撞、砍、磨、踢、勾、揀、抱」都離不開槓杆螺旋力。

打法的一邊化一邊發，是翻板槓杆力，左右手二爭力是通背槓杆力。前後三點步的「移動蹬點」發力，腳打踩意不落空，消息全憑後足蹬，就是全身伸縮槓杆力的應用，足落拳發，威力無比。

(六)直中力

形意拳的基本勁法。望著就使，看著就用，出勢就虎撲，講的是龍蹲虎坐的上下對拔背尾勁。「背尾全憑精靈氣，束展二字一命亡」，指的就是用身抽骨縮的驚炸力。

(七)虛中力

全身空鬆蓄力，波湧於內，游蕩發於外者，外剛內柔，靜以待動，轉變利用，能生挺力與沾吸引化勁，妙在虛靈守中，易於變化。是形意拳崩勁、撞勁後的上乘沾勁之力。

(八)實中力

挺力也叫彈力，如彈簧所發產生的振動力。外柔而內剛，如棉裡裹鐵，為先化後發的反擊之用，是先吞後吐、先縮後放的基本勁力。

(九)化中力

變化在於腰身如蛇如龍，陰陽虛實互為變化。縱敵近我，旋轉裹身而纏繞；橫敵近我，旋轉棒壓而化之；守中而對上下、左右之力用我驚力化開。

(十)渾元爭力

動時全身大小關節無處不有上下、左右、前後的爭力。形意拳的五行之力，實則是爭力而已。劈拳金力是虛中化為實中，所謂皮肉如棉，筋骨如剛之意屬金力。崩拳木力，四體百骸處處如木之曲而直形，木金合併如箭射之穿力。鑽拳虛中水力，如嬌龍游水，靈活隨轉，如流水無孔不入。炮拳火力，合開之勢如爆炸，屬虛中化實、反歸虛中，動甚速，其性屬火。橫拳土力得中和，沉實敦厚，出手變鋒芒，其力化中，具有虛實之妙用。五行合一體實為渾元爭力之功，五行生剋之理並不玄奧，知道便可，不要用意執著，見機用意行事，實用才對。

拳擊五拳不講生剋而講開合變通出手時機，與形意拳理論用法可謂中西合璧不謀而合。簡便實用方為拳。

八、形意拳三拳三棍兩總論

形意拳兩總者，三拳是「鑽裹箭」一勢，三棍是「胸前、肩頭、腦後棍」為一勢是也。拳空練為筋骨無負荷運動，抖槍劈棍，一體為功，加載外力運動，為的是使筋骨柔韌強壯，富有彈性和爆發力。出手不懂鑽裹箭之法謂形

意拳門外漢，沒有劈槍抖棍、椿法的渾元爭力之功，不能談及形意拳功夫二字。「拳無功，一身空」即是此意。俗話講「月刀，年棍，功夫槍」，劈槍抖棍練站椿，功夫上身百煉鋼，剛柔相濟成鋼強。

岳武穆王創意拳，其理是發一槍為拳，化為脫槍為拳，鑽裏箭三拳一勢之法。形意拳打自顧法起，出手便是，不顧而自顧，顧打一體是鑽裏箭拳法實質應用。胸前棍、肩頭棍、腦後棍三棍，胸前棍抽化橫拿，肩頭棍回掛前打，腦後棍裏顧上挑下劈為一勢，三棍精華是「劈抖擊」的操功之法。

九、形意拳練槍功法十論

槍為武功長器械之首，劍為短器械之冠。槍是體現功法，劍是體現身法，拳無功一身空，劈槍抖棍練站椿，形意精華身中藏。

(一) 擰裏圈抖槍

擰裏圈抖屬土為橫。人器一體擰圈抖圓，槍頭七寸一圈為橫裏圈拿之法，步法為左前右後定步，也可進寸步，兩手拿槍，內扣外擺擰裏擺抖。以百次為功。

(二) 劈　槍

雙手握槍上舉抱裏，上舉後抱於胸前肩頭之上，經腦後肩頭向前下劈槍，要拔背坐臀，隨勢下劈。起落如水之翻浪，步法向前寸踐步或左右一步一劈。以百次為功。

(三) 鑽　槍

雙手握槍正反畫圈拉涮走化，向前上方畫一圈回抽沾拉，隨即向前上方鑽刺，步法為左右一步一圈一鑽槍，有功後可變進退五行三角步，脫身換影步。用意練沾法「你用扎我用拉，你一回我就扎」，每次練習以百次為功。

(四) 崩　槍

雙手握住槍把最後端，高不過嘴、低不過心口部位，合力向前直線崩出，力貫槍尖，背拔臀坐抖力崩，步法為寸踐步，左腳在前崩練數下，再換成右腳在前崩數下，一步一崩槍。以五十次為功。

(五) 炮　槍

雙手握槍，平橫由胸部向前上方高舉，雙手在胸前畫弧攪動後再上舉翻抖。步法一左一右抖走成之字形，以五十次為功。

(六) 橫　槍

雙手握槍，用槍頭前部左右橫向抖擊，步法為四平馬或三體式均可，以腰身發橫向抖力，步法一左一右，槍頭畫圓橫抖。以五十次為功。

(七) 虎撲槍

雙手握槍把的中部，相距一肩寬距離，如練虎形向前平推直撞，用寸踐步一步一撲，腳下天、地、人要合膝縱

力，肩背上拔，臀尾下坐，長手縮身，身抽骨縮，內勁外發。以五十次為功。

（八）上抖槍

雙手握槍與虎撲槍相同，不同之處是抖槍勁向是向前上方抖發。雙手心起口出，向前上方抖放，步法為寸踐步或一步一抖，背拔臀坐，全身展放抖力。以五十次為功。

（九）盤手踢抖槍

此功法是岳武穆王攔踢摔法的基本功。雙手握槍把的中部左盤右抖踢，右盤左抖踢，左右一步一抖踢，以五十次為功。

（十）烏龍翻身槍

此功法雙手握槍用背轉步是拳跤術抖槍盤棍的精華功法，也是練習摔法槓別吻背的基本功。練法是雙手握槍把中部，左盤右抖左轉身背左步，長腰走臉左轉用右腿槓打；右盤左抖右轉身背右步，長腰走臉右轉用左腿槓打。左右練法一樣，惟方向相反。左盤右抖龍翻身，一左一右練摔身。以五十次為功（共十槍六百五十次）。

十、拳以仿道之理，道以統拳之變論

中國拳術門類繁多，舉不勝舉，但歸納各種練法之精華，概不外乎以練呼吸歸丹田之根為極致。有除疾病利手足之效用，淺者舉手投足，深者與道合一。體現在人體四

肢八節的上三節手法，以陰陽回環牽緣手為母本，起落鑽翻，拍位戳擊。撇劈砍剁砸，高挑、低劈、中掤擠，直來橫裏，橫來棒壓，守中用中不離中，重心不失，中線不斷。起如舉鼎，落如分磚。敵身離我手，跟步收勢勁又蓄。蓄勁開弓如弦滿，兩手爭力是渾元。

交手進入動轉態，顧打省力不驚呆，大動小動和蠕動，外靜內動神意警，一觸即發方為動。不招不架是一下，犯了招架是十下，猶如高山下滾之石，勢如破竹，銳不可當。手有沾連黏隨撥轉拍位戳擊之能，足有屈膝開合行程發勁之功。下三節的腳腿法為，截蹬彈踹，裡勾外咬呼拉襠，扣擺斬截把敵傷。

中國跤術比較規範統一，雖有差異，但均不脫「拉、涮、吻、背、榼、別、挑、撞、砍、磨、踢、勾、揀、抱」五行生剋，十法相演。跤術各種摔法在有支點、力點、作用點的前提下，勁向相反，勁力相合，形成螺旋槓杆力，謂之旋轉六合（縮身縱力方正六合發力用於打法）。跤術摔法是武術力學的應用精華。拳無跤藝不高，跤無拳藝不全，拳加跤武藝高。形意拳為正身法，望著就用直中言，為誠圓之術。八卦掌為斜身法，橫行直撞、走圈打點制中言，為渾元之術。太極拳轉身法，沾連黏隨不丟頂以言空，妙中言是抱圓之術。跤術是擰身法，用的是背步合身法，順勢崩開似烏龍擺尾，用螺旋槓杆、耍圓抖圈之術。正身法、斜身法、轉身法、擰身法，是正斜轉擰來回滾轉的一圈一勢之變，引化拿發一體，打摔一勢。拳與跤能分也能合，片面學之為分，全面學之為合。

縱觀中國幾千年的拳跤術發展史，拳術、跤術的發展

參差不齊，淺者僅會一鱗半爪，舉手投足則橫行鄉里、自以為是，深者與道合一的高人則隱匿不傳。

由於過去人們持保守之愚俗，嚴守師門，相互封閉而自秘。武術界的陳規陋習是不讓徒弟混練其他拳法。隱練在拳術中的摔法還被認為是鳳毛麟角而不輕傳於人，其實武術中的門派拳種只是表面表現形式不同，其精華實質則完全一樣。拳、跤雖是兩門，能分練，但要達上乘境地必合而無異，拳、跤一體，打摔一勢。

「三年拳贏不了當年跤」，跤乃武術摔法之精華。跤術練的「撕崩捅」功法，俗稱黃鼠狼拉雞法。撕是正反拉涮撕把抓挄回拉；崩是用背轉槓桿步崩胯挑腿；捅是回拉前送、前捅回拉、向前推按。接手制肘挄拿拉涮、耍圓抖圈，用抓倒進退步牽動拉涮走螺旋，破壞對方重心，使其「坐火車」晃動後，再順勢用法。

十一、形意拳摔法合道論解說

形意拳是岳武穆王所傳，形意拳真傳六合法確有摔法及跤術。今山西忻縣、定襄、原平等地，就是古時的雁門關一帶，由岳武穆抗擊金兵時傳下來的雁門跤風（撓羊會）至今興盛不衰。道乃天地，一陰一陽謂之道，變化莫測謂之神。開合為變，往復變化無窮為通。反者道之動，弱者道之用。反者道之動的應用就是欲左先右，欲右先左，欲上先下，欲下先上，即順勁變勁，專找來回勁方能借力。掤挄擠按，推拖帶領，抓拿挄帶，斬截裹胯之法無論是用抓倒進退步前後牽動，還是耍圓抖圈走螺旋，均是

「觀天之道，執天而行」的神明之用。

　　肩胯、肘膝、手腳相合，手不出自己的方圓圈，引化拿發過膝不拿，是知止不殆之道。交手時近身吻貼沾靠，是道之陰陽交合之用。弱者道之用之理，在拳跤術上為沾連黏隨，不丟不頂，引化沾發，柔擾剛發，剛柔相濟，以螺旋槓杆斜面之理，巧用人體力學之妙。

　　形之上者為道，形之下者為器。道為陰陽，陰陽含五行，五行含八卦，內縮外擴均為陰陽變化之道而統之。天生天殺，恩害相生，五行生剋制化自然所為。金剋木而成為器，木剋土反生榮機，土剋水成江河而不泛，水剋火相濟而不燥，火剋金能熔鑄萬物。天地陰陽變化之理博大精深，拳跤術作為技藝而效仿，拳跤術仿道之理則可，道是拳跤術則不可。

　　道之理是哲學，哲學對其他科學均有指導作用，天地陰陽變化之道內含哲學的三大規律，即陰陽對立統一規律、質量互變規律、否定之否定規律。用哲學的「三大規律五大範疇」去領會中華民族的武學智慧，拳跤術運動種類雖然繁多，舉不勝舉，但歸納起來不過是，淺者舉手投足，深者與道合一；拳仿道之理，道統拳之變而已。以壯丹田祛疾病，強筋骨利手足為效用；以呼吸歸丹田之根為法，勁力合道之反動為用。能以巧破千斤，也能一力降十會。拳不打功，法不破快，歸拳道之理。

　　我們應以科學的方法論、認識論來學習、繼承和發展中華武術。從本質與現象、內容與形式、原因與結果、必然與偶然、可能與現實五個方面去分析認識，則不難去偽存真。拳跤術的本質是練呼吸歸丹田，養元固本祛疾病，

利手足仿道變，用力學克敵制勝。在現象上看武術門派林立；從內容上看武術南拳北腿，拳種繁多；從鍛鍊形式上看武術踢腿彎腰，身體四肢八節起落開合、撐裹鑽翻、正反纏繞轉關、直曲伸縮等；從原因與結果上分析，造成拳跤術良莠不齊、真偽並存的原因是持保守之愚俗的結果，文長武短，不能棄門戶之見而融會百家，惟我之獨善主義，必然會影響相互吸取提高發展。

十二、形意拳《岳武穆九要論》解說

器，上而通乎道。技，精而入乎神。唯得天下之至正，秉天下之真精者，乃能窮神而入妙，察微而闡幽。形意之用器也，器技為形意之體，道也，神也。岳武穆王精忠報國，至正至剛，其浩然之氣，誠沛然充塞天地之間，固形意之精，非武穆不能道其詳。雖原文散失，不可得而見，而毫芒流落，只此九要論而已。吾拳服膺形意，得以稍涉藩圍，獨來此耳。此論者九篇，理要而意精，詞詳而論辯。學者有志，朝夕漸摹，而一芥之細，可以參天；濫暢之流，泛為江海。九論雖約，始未不可通微，何莫造堂升室也。

(一)岳武穆一要論(心意一氣相統論)

天下之物，散之必有其統，分之必有其合，攘攘者自有其原，蓋一本散於萬殊，而萬殊咸歸一本，乃事有必然者。

解說：天下的事分久必合，合久必分，散之萬物必有

所統。紛紛擾攘，種類不同，實不脫由一變萬，由萬歸一之理。人體機能雖變化萬千，但實為呼吸一氣所統。

且武事之論，亦甚繁也，要知詭變奇化無往非勢，即無往非氣，勢雖不同類，而氣歸於一也。

解說：武術拳種繁多，而只有知「反者道之動，弱者道之用」之理才能借力而變。牽動往來為一氣一圈之變化，身體四肢變化萬千，而意氣力歸於心意所使。

夫所謂一者，從手至足，內有五臟筋骨，外有肌肉皮膚，五官百骸，而一貫是也。擊之不離，牽之不散。上思動而下則隨之，下動而上領之，上下動而中節攻之，中節動而上下合之。內外相連，前後相需。所謂一貫斯之謂也，而非強致所為也。

解說：以上所論是上下相隨，內外相連，整體如一，上動下隨，下動上隨，節節貫穿如一。上下、左右、前後、內外合而為一，精神意念也無所不貫。此等如一，出乎自然，不可強求，要不思而得，不勉而中，無為而成，敵拳到來，不思抵禦而能自及才是。

適時為靜，寂然不動，居其所向，穩如山岳，值時而動如雷霆之崩也。且靜無不靜，且動無不動。表裡上下全無參差牽掛之累；洵若水之就下，沛然莫禦；如炮之內發，疾不掩耳。無勞審度，無煩酌辨，不期然而然。乃氣以日積而見益，功以久練而方成。

解說：與人交手無隙可乘之際，在身體三尺以外、五尺以內空間圈內，外視為靜，寂然不動而警覺內動。持環得樞，居其中制其外，值時待機而動。不動如山岳，動則如霹靂擊地，如水居高決下，如炮之內發，迅雷不及掩

耳，令人猝不及防。形意拳交手，不用審時斟酌，意氣力不期然而然。氣以久積才有效果，功夫久練不斷才得至有成。

揆門一貫之傳，必多聞強識之後，不廢鑽仰前後之功，豁然貫通之境，故事無難矣。功惟自盡，不可等躐，不可急逐，要循序漸進歷階而生。而後官骸肢節，自能貫通。上下表裡無不聯結，庶乎散者統之，分者合之，四體百骸終歸心意一氣也。

解說：揆揣聖門一貫之道，世代相傳，然必在先人多聞多知的基礎之上，自然心地朗闊有餘，再加上刻苦鑽研，才有成功的效果。事無難易，只要盡心用力，鍥而不捨，久後自然豁然貫通，全身散亂之力有所統御相合。

(二)岳武穆二要論(陰陽虛實說)

論捶必兼論氣，夫氣主於一，而實分為二，即呼吸陰陽之氣也。陰陽即清濁也。捶不能無動靜，氣不能無出入呼吸。吸為陰，呼為陽。陽氣上升為陰，陰氣下降為陽。靜為陰，動為陽。陰氣上升為陽，陽氣下降為陰。

解說：起鑽為陰，落翻為陽。頭縮為陰，頭頂為陽。拔背為陽，舒背為陰。豎項為陽，收下頜為陰。收臀為陰，坐臀為陽。丹田前凸為陰，後打為陽。命門前凹為陰，後凸為陽。吸氣鼓小腹為陰，凸腰拔背為陽。曲縮為陰，展放為陽。吞身為陰，吐放為陽。腳站實為陰，站虛為陽。來為陰，去為陽。回勾為陰，前挫為陽。顧為陰，打為陽。左為陰，右為陽。下肢為陰，上肢為陽。胸腹為陰，後背為陽。腳後跟為陰，腳前掌為陽。手掌根為陰，

手指為陽。手心為陰，手背為陽。實為陰，虛為陽。

全身處處總有一陰陽虛實。如門上之軸是陰為實，門面是陽為虛，有陰陽虛實，轉動才靈活。偏沉則隨，雙重則滯之理不言自明。

陰陽虛實，以車輪分之，車軸為陰，車輪為陽。以門論之，門軸為陰，門面為陽。以刀斧論之，刀背為陰，刀刃為陽。以弓論之，弓背為陰，弓弦為陽。以機器論之，缸套為陰，缸頭為陽。陰不離陽，陽不離陰。陰盡陽生，陽盡陰生，相互消長。以拳論之，起如舉鼎為陰，落如分磚為陽。

陰陽相互消長，形成虛實，有虛有實，偏沉則隨，雙重則滯，萬物亦然。如刀、斧、錘用木質作柄，刀、槍、劍、戟也用木質作柄，充分說明用木質比用鐵質作柄能更好地發揮偏沉慣性力。人體練拳，處處有鬆有緊，有虛有實，虛實放鬆得越分明，則發勁質量越高。

人體用濁氣笨力抓拿 30 公斤重的物體極為平常，用於技擊如果能放鬆到能用上 10 公斤的力沖砸其身，則對方也會應聲而倒。陰陽虛實鬆沉得越好，發勁穿透力就越強。

天為一大天，人為一小天，拳仿道陰陽之理，道統拳以變化。反者道之動，弱者道之用。天地陰陽變化之道，博大精深無微不至。形意拳乃是一氣一圈之開合變化，接手就在呼吸間。天地間陰陽無處不在，形意拳亦然，能悟通陰陽虛實者，練拳學藝可謂明白其道理。

何為清濁？升而上者為清，降而下者為濁。清氣上升，濁氣下降。清者為陽，濁者為陰。要知陽以補陰，陰以滋陽。統而言之為呼吸一氣，分而言之為陰陽二氣。鼻

不能無呼吸，口不能無出入，氣不能無陰陽，人不能無動靜。然則氣主於一，實分為二，即陰陽也。學貴神通，慎勿膠執。

解說：拳術有教式不教勁，教勁不教氣（即陰陽虛實法）之陋習。吞咽浩然之氣，養丹壯基強筋骨是不傳之秘訣。氣為呼吸丹田之功，濁氣下降至小腹丹田，陽氣沿督脈上升至頭頂，前任後督陰陽之氣隨呼吸周而復始運轉，為周天之氣。陰陽之氣體內交融，久練可伐毛洗髓。切記，氣以順為要，術以柔為貴，呼吸升降出於自然貫通，不能固執強制而為。術能柔化致用而為貴，功能達柔化之境，才能把陰陽變化之道用於拳法。

（三）岳武穆三要論（人身三節說）

夫氣本諸身，而身之節無定處，三節者，上、中、下，梢、中、根是也。

以身論之，頭為上節，身為中節，腿為下節（根節）。

以頭論之，天庭為上節，鼻為中節，下頷為下節（根節）。

以身論之，胸為上節，胃脘心口為中節，小腹丹田為下節（根節）。

以腿論之，足為梢節，膝為中節，胯為根節。

以臂論之，手為梢節，肘為中節，肩為根節。

以手論之，手指為梢節，掌心為中節，掌根為根節。

是故自頭至足，莫不有三節也。要知若無三節之所，即無著意之處。「三催六合無雙傳，多少奧妙在其間，若是妄教不意人，招災惹禍殞壽年」。蓋上節不明，無依無

宗；中節不明，渾身是空；下節不明，動輒跌傾。然氣力所發，則梢節起，中節隨，根節催也。三節分而言之，合而用之，則上自頭頂，下至足底，四肢百骸總為一節。夫何三節之有，又何各有三節之足云。

解說： 上節不明，是不知裹顧五官五行，不知「用中守中不離中，避住五行永無凶」之理。頭為上節，為一身之首，鼻為中線，耳為偏線，中偏線的基準點都在頭面之上。上節之根是脖頸，為人所制身體中心歪斜不正，豈有不敗之理；中節不明，是不懂雙推掌變陰陽回環手拍位戳擊之法，摸肩捋肘制其中，坐腰下揀不落空；下節不明，是不懂用下節之腿法，裡扣外擺用截蹬，裡勾外咬呼拉襠，楦別挑勾法。

明三節用於防守時，可接梢節、拿中節、防根節。用於進手，也可接梢節、捌中節、奪根節。用意氣力發力才能用梢起、中隨、根催之法，盡三催六合之妙。

全身無處不彈簧，就是人身關節肌腱的伸縮。易骨易筋就是使筋骨靈活有力，縮得越好，則爆發力越強。以腰為中點，上三催是腰催肩，肩催肘，肘催手；下三催是腰催胯，胯催膝，膝催足。

上述所說，是上下三催之論。動先梢節起，中節隨，根節催之，學者要體會練習。

內三合（即心與意合、意與氣合、氣與力合）與外三合（肩與胯合、肘與膝合、膝與足合）宜上下左右相合為用。形意拳藏圓之術、挾剪之技的基礎就是三節相合十字對錯找勁，使勁向相反，勁力相合。猶如剪刀剪物，能用肩不用肘，能用肘不用手，充分利用根節之力。豎用三

摧，橫用六合。橫豎變化找勁，貴在方法，不在力使。

（四）岳武穆四要論（四梢論）

形意拳除論身論氣之外，而進乎論夫梢焉。夫梢者，身之餘緒也。言身者初不及此，言氣者也屬筆論而已，捶以內而發於外，皆由氣達梢節而為之。故氣之用，不本諸身則虛而不實。不行諸於梢則實而不虛。梢不可不講，然此特身之梢耳，而猶未及氣之梢也。

四梢為何，血髮、骨牙、肉舌、筋甲是也，其發心意之一氣也。夫髮之所繫，不列於五行，無關乎四體，似不足立論。

血梢。髮為血梢，血為氣海，維不本話諸發以論氣，要不能離乎血而生，氣不能離乎血，即不得不兼及氣血髮梢，髮欲衝冠，血梢足矣。

解說： 全身毛髮孔有氣血呼吸之能，肺主皮毛，氣為血之帥，血為氣之海。筋骨要鬆，皮毛要攻，毛髮根根如戰戟。大動不如小動，小動不如蠕動，蠕動是高速之動，能應物之變。站樁外觀似不動，實則身體內部有生生不已之動，氣血才能更加順暢流動，貫注於梢節。毛髮雖微，怒能衝冠，血輪自轉，氣血達四梢之所為。

肉梢。舌為肉梢，而肉為氣之囊，氣不能行諸肉之梢，便不能沖其氣之量。故舌欲催齒，而後肉梢足矣。

解說： 形意拳以內功著稱，舌頂齒叩，穀道內提肉梢所為。吸貼抵閉練精化氣，舌頂上腭搭雀橋運周天氣，一提便咽，水火相見，飲長生酒玉液還丹，肉梢舌所為，不知此可謂登寶山空手而歸。

骨梢。骨梢，齒也，要有勇在骨，氣足血融，血融骨實，咬牙叩齒骨梢用力。

解說：齒為骨梢，叩齒骨自堅。舌頂齒叩，切齒可發，氣足生精，精足血融，血融骨實，四肢八節則能堅硬如鐵。

筋梢，乃指甲也。氣生於骨而連於筋。不及於齒，未及於筋之梢，要作齒欲斷筋，甲欲透骨不能也。果能如此，而氣自足矣。

解說：起手鷹捉筋骨用力，扣如鋼鉤，抓拿勁力入骨，筋梢用力所為。藝不精必於四梢找。虎威鷹猛，以爪為鋒，抓拿刁扣無所不能。形意拳出手不空回，空回非奇拳，去如鋼銼，回如鉤杆，將刀、銼、鉤、叉、鉗等器物特性，合力學之巧而用。

（五）岳武穆五要論（五行說）

拳者以捶演勢，以勢言氣。人得五臟以成形，五臟以生氣。五臟者，心、肝、脾、肺、腎，乃性之原，氣之本也。

心為火，而性炎上。肝為木，而性曲直。脾屬土，而勢敦厚。肺屬金，而有從革之能。腎屬水，而有潤下之功。五臟之義，而有準之於氣者，皆各有所配，乃論武事所不能離也。

其在內也，肺為胸位，乃五臟之華蓋。故肺動，諸臟不能靜。兩乳之中為心，而為肺所護。心居肺之下，胃之上。心為君火，心動而相火無不奉合。兩肋之間，右為肝，左為脾。脊背第十四節為腎位，五藏之根而總繫於背，脊通一身之骨髓。人體的後背好似一張餅，前胸好似

一個井，無論前心、後背均為要害之處，要裹前護後而無患也。而腰為兩腎之本位，故腎為先天之本，脾胃為後天之本。尤為五藏之源，鼓腎水足，而金、木、水、火、土咸有生機。

然五藏之存於內者，雖各有定位，而機能又各具於周身。靈頂腦骨背皆屬腎也，兩耳也為腎。兩唇兩腮皆屬脾。而髮則為肺，肺主皮毛。天庭為六陽之首，而萃五藏之精華，頭面之主腦，為一身之督座也。印堂者為陽明胃氣之沖，實為天庭之樞機也。兩目皆為肝，細繹之上包為脾，下包為胃。大角為心經，小角為小腸。白則為肺，黑則為肝，瞳則為腎。目實為五藏精華所聚，非肝之所專屬也。鼻孔為肺，兩頤為腎。耳門之前為膽經，耳後之高骨也屬腎也。鼻為中央之土，萬物資生之源，實為中氣之主也。人中乃血氣之會。上沖印堂，達於天庭，而為至要之處所。兩唇之下為承漿，承漿之下為地閣，上於天庭對應，亦腎位也。

領頂之項者，五藏之導途，氣血之總會，前為食氣出入之道，後為腎氣升降之途。肝氣由之而左轉，脾氣由之而右轉。

兩乳為肝，肩窩為肺，兩膝為腎，四肢為脾，兩肩膀也為脾。而十指則為心、肝、脾、肺、脛、腎，膝與脛皆屬腎也，兩腳跟為腎之要，湧泉為腎穴。

身之大約各部，突者為心，陷者為肺，骨之露處皆為腎，筋之連著處皆為肝，肉之厚處皆為脾。

象其意，則心動如火焰，似猛虎。肝為箭，脾氣爆發大力攻。肺動沉雷聲。腎動伸縮快如風。其用為經，制經

為意，臨敵應變，手足所至如有神會，洵非蒼墨所能述也。五行生剋制化，究其要領，自能通會，五行百體，總歸一元。四體三心合為一氣，一經一絡節節相連而為一體也。

解說：天為一大天，人為一小天。天有五行金、木、水、火、土，人有五臟心、肝、脾、肺、腎。天有四時八卦，人有四肢八節。

形意拳有五行八法，五行即劈、崩、鑽、炮、橫，八法是斬、截、裹、胯、挑、頂、雲、領。人的四肢百骸是陰陽呼吸一氣而統之。形意拳術是陰陽虛實渾元一氣，上、下、左、右、前、後六面爭力而用之。五藏之氣，不但達於頭面，而且達於四肢；不但定位於脛臂手足，而且流注於筋骨皮肉。玩味突者為心，陷者為肺，骨之露處為腎，筋之連者為肝，肉之厚者為脾，則周身與五臟無一處不相連接。練拳者知人體五行五臟，是究其原理達格物致知之效，更好地進行自我惜身如玉之保養，悲智身心雙修，精養靈根氣養神，養功養道見天真，丹田養就長命寶，萬兩黃金不與人。

(六)岳武穆六要論(內外六合說)

形意拳除三節四梢外，特別強調六合。心與意合，意與氣和，氣與力合，謂之內三合也。手與足合，肘與膝合，肩與胯合，謂之外三合也。內外共為六合也。左手與左足相合，左肘與左膝相合，左肩與左胯相合；右手、右肘、右肩與左手、左膝、左胯對應相合；以及頭與手合，手與身合，身與步合，心與眼合，肝與筋合，脾與肉合，肺與身合，腎與骨合，均為六合之範圍。總之一動而無有

不動，一合而無不合。遠踐近鑽進合膝，五行百骸悉在其中矣。三催六合無雙傳，多少奧妙在其間，若是妄教不義人，招災惹禍損壽年。

解說：形意拳正確地講應稱六合拳形意門，心意六合拳、意拳、形意拳是同一種拳。後代傳人不論怎樣講，但都特別強調用心意練六合，站樁行氣，劈槍抖棍。不動如山岳，難知如陰陽，強調身法的重要性，身法是在不中正中求中正，在動態中找平衡搶發落點。遠在六合以外，近在六合之中。可謂心不出圈則心安，手不出圈則自保。形意拳講「能打好手，不打跑手」。身前三尺外、五尺以內為空間圈，手腳回環方圓圈，「六合手足為大圈、肘膝為中圈、肩胯為小圈」。圈內無物不動，過膝不拿。六合也是在「合而不合，不合而合」之中。靜時立身中正不偏，上下中定六合之姿勢是練習動力定型。要知陰陽變化，必須建立在虛實、鬆沉、正偏的基礎之上。

正斜轉擰，抓拿踢打摔，都是在不中正中求中正，在偏斜中求中正合力。正圓可旋轉則無螺旋力，槓杆力臂長短平衡沒有很好的作用力，方正之形沒有斜面鑽擠力。六合也在開合的動態中進行，開為偏勢，是合之始；合是正勢，是合之終。正身開合是往返進退前後伸縮戳擊發勁，斜身開合是左右擰轉剪切的挾剪之技。

形意拳挾剪之技，挾剪猶如剪刀剪物。要想獲得較大的剪切力，就得遵循能用肩不用肘，能用肘不用手的原則，吻靠用根節發力。形意拳是誠圓之術，藏而不漏。只知萬法出於三體式，不知用意有圈不見圈，動中縮勁有點拍位戳擊而發，也是不行的。上下相合是標準，左右相合

是勁術。合而不合變化於動態之中。在空間上無論是上下、左右、前後，對錯巧勾，勁向相反，勁力相合，為圓轉而合。足蹬手出伸縮三尖相照為合，手回足進上下左右相錯、鍘切也為相合。合在動靜之間進行，遠要踐，近要鑽，進合膝，沾身縱力，整齊如一。

手腳相合法，手回拉、足前進為縮勁相合，手腳齊出為發勁相合；肘膝相合法，肘合膝開為縮勁相合，合膝縱力為開勁相合；肩胯相合法，左右旋轉相合要有剪切之勁，肩胯上下左右有擰轉螺旋力。手與身相合法，是手向回捋帶而身向前進，手向下按而身向上領，手向上領架而身向下沉，縮身長手，手向左領而身向右游，手向右領而身向左擺。形意拳講，行走如虎之蹬山，動如神龍游空，是手與身合之論。

六合有大圈、中圈、小圈之分。手足為大圈，肘膝為中圈，肩胯為小圈，手足六合之外還有空間圈。形意拳如能明圈術、用六合、發三催，則心意藏圓之術已領會過半。所謂形意拳六合之法，一般人空談歌訣而已，六合之法為形意拳精華要竅，不易為人所得。這就是「三催六合無雙傳，多少奧妙在其間，若是妄教不義人，招災惹禍損壽年」。所以藝不輕傳，武不善做。

（七）岳武穆七要論（進法說）

頭為六陽之首，是諸身之主，五官百骸莫不惟首是先。故進頭不可不進。手為先鋒，根基在膊，膊不進則手不能前也。氣聚中脘，機關在腰，腰不進則氣餒而不實也，故腰亦貴進也。意貫周身，運動在步，步不進，而意

則無能為力，故步尤貴於進也。以及上左進右，上右必須進左，為其七進。合周身而毫無靈動之意，一言其進，心意統全體而無抽扯游移之形。

解說：手有撥轉吸拉之能，腳有行程之功。腳進之前，先眼觀心謀意外發。對方進等於我進，以逸待勞，以靜制動，進丈而用尺為度。進時要用意決定是進對方的空間圈，還是進入對方的六合手足圈，以及搶位進入對方肩胯圈。無論進遠圈還是進近圈，手進膊伸步法隨，遠不越尺，近不欲寸，要龍蹲虎坐、立身中正，手不出圈而動。進時使對方不能逃，避免勞而無功，非有扣如鋼鈎的吸拉之勁不可，這就是猶如盤蛇吸食走。

出手如鋼銼有黏勁，回手如鈎杆有抒掛勁。欲進要有吸拉勁，發時要借反動勁，接手拿肘扒脖頸，摸肩抒肘扣二節。

頭進要裹顧，虎撲前進也要護頭面，鷹鶻抓物時也要先護住自己肶部，心起口出裹顧頭面而進，此為形意拳的虎抱頭。頭為一身之主，為人所制，失敗的後果不言自明。

身進腰先進，頭隨身自然而進。身進腰先進，可謂丹田挺進，未曾進身先向前，是指小腹丹田。手回環用縮拉，腰部丹田前挺，手外發丹田前凸後打，這就是形意拳所獨有的行如槐蟲，喻腰際的前丹打後丹之動。

形意拳進身時，步進身隨，腳似戰馬身如弓，消息全憑後足蹬。抓倒進退快如風，一寸、二踐、三格登步，裡勾外咬使倒勾。手足相吸，肘膝相合，肩胯擰錯相合。寧在一思進，莫在一思存，圈內不得勢，寧退勿存，不能送

人以靶。進退不是分勝敗，進退是交手的方法和手段，取勝才是目的。

（八）岳武穆八要論（身法說）

身法為何，縱、橫、高、低、進、退、反、側而已。縱則放其勢，一往無前。橫則裹其力，開闊而莫阻。高則揚其身，而有增長之意。低則伏其身，有撲捉之形。當進則進，彈起身而勇往直前；當退則退，斂其氣而回轉伏斂。至於返身顧後，後即成前。側顧左右，左右豈敢當哉。而要非拘拘然焉為之也。

察乎敵之強弱，運用我之機關，有忽縱忽橫，因勢而變遷，不可一概而推。有忽高忽低，高低隨時可以轉移，不可執格而論。時而宜進，故不可退而餒其氣也。時而宜退，當退而鼓起進。進而再進，退亦實賴以進。若返身顧後，而後不覺是後，則顧左右，而左右不覺是左右矣。

總之機關在眼，變通在心，而握其要者，則本諸身。身而進，則四肢不令而行矣。身而怯卻，則百骸莫不然而退矣，身法顧可置而不論哉。

解說： 身法就是縱、橫、高、低、進、退、反、側之法。形意拳的身法是藏形密意之法，拳打三節不顯形，若見形影不為能，身法變動於無形之中。正身法，心起口出，為出洞入洞緊隨身之法。側身法是護肩掌，起手鷹空抓四平，足下存身。肘擺護心肋，膝擺裏顧襠部，身擺則游動脫身換影，皆為身法之動。起橫不見橫，落順不見順也是身法。

形意拳一身龍虎之骨變動之形就是身法，動中縮勁是

身法，前後翻身顧後、無前後之分也是身法。左右擰轉動身而無左右之別也是身法。

(九) 岳武穆九要論 (步法說)

身之動以步，步乃一身之根基，運動之樞紐也。故應戰對敵，本諸身所以為身之砥柱者莫非步也。隨機應變在於手，身以手為轉移者也；亦在步，進退反側非步何以作鼓蕩之機，抑仰伸縮，非步無以操變化之妙。所謂機關者在眼，變化在心。而所以轉彎抹角，千變萬化，而不至於窘迫者，何莫非步為之司命也。而要作勉強以致之也。

動作出於無心，鼓舞出於不覺。身欲動，而步為之周旋。手將動，而步亦為之催逼。不期然而然，莫之驅而驅。所謂上欲動，而下自隨也。且步分前後，有定位者，步也。然無定位者，亦為步也。如前步之進，後步之隨（寸踐步），前後自有定位。若以前步作後步，後步作前步（過步）。更以前步作後步之前步（快馬三步），則前後亦自然無定位矣。總之拳乃論勢，而握要者為步。活不活在步，靈不靈也在步。步之用大矣哉。

解說：以上所論步之重要簡明扼要，動手不如動身，動身不如動步，步法是身體載重之根基。大動不如小動，小動不如蠕動，蠕動似不動，不動實為警覺之快動，不動之動乃是生生不已之動。消息在哪裡，就在步上，身手靈活消息亦在步上。形意拳雞腿、龍身、熊膀、虎抱頭，起手鷹捉、出勢虎撲，一寸、二踐、三弓箭等法，步法是基礎。分述如下。

1.寸　步

　　兩腳站定，前後虛實分明，前虛後實，遠不越尺。後足原地蹬勁，前腳由虛變實、顛腳踩力，震彈出全身的爆發寸勁，穿透力能致人於內傷。不鑽不翻以寸為先，即是此意。

2.踐　步

　　踐似猛虎入林，馬奔連環格登步。兩腳站定，前後虛實分明，前虛後實。前腳邁進，後腳跟進，往復倒重心，是天地人動中縮的三步之法。退步是撤後腳，回前腳。

3.弓箭步

　　在形意拳裡也叫三點步、槓杆步。兩腳站定，前後虛實分明，所不同的是前腳實後腳虛。前腳站定為實，腳掌前後為兩點，後腳前掌一點著地，前後共三點而得名。後腳腳掌蹬地發勁，猶如槓杆作用力，前腳是支點，後腳是力點，身手發力是作用點。它的妙用在於順勢「移步蹬點」快如閃電。打馬形連環拳，沖天炮與拳擊相似。

　　此步法是師爺李振邦在太原雲龍師家，傳授給師伯薛顛、胡躍貞等門徒的。

4.格登墊步

　　格登墊步也叫雞腿彈跳步，金雞獨立、單腳跳進，身手裹顧如熊形。前腳前進單腳彈跳為墊。前腳墊後腳跟，裹臀開胯消息存，起落合膝打，墊步蓄勁是根本，開胯合膝存其真。

5. 快　步

快步是寸步、踐步、墊步、格登步混合而用，起前腳，帶後腳，平走如飛。前腳先進，後腳過前腳，前腳格登步猶如馬奔虎踐之形。

6. 三角步

形意拳典型步法，有橫跨三角步，有抽撤三角步。兩腳站定，前後虛實分明，無論是先動前腳還是先動後腳，上左進右，上右進左，都是閃開正中定橫中，正來斜打，斜來正打的五行步法。太極為進、退、顧、盼、定五步。

抽撤三角步俗稱拆橋步，兩腳站定，前後虛實分明，無論是上左進右，上右進左，必須先撤後腳，前腳回抽左擺進右，右擺進左。也是閃開正中定橫中，找我橫中變正中。是正來斜打，斜來正打，中偏互變之術。八卦叫龍形游身步法。

7. 背轉臥龍步

也叫樌杆倒插步。前蓋步，後插步，陰陽相吻開合步，兩腿交叉相交，猶如擰麻花。兩腳站定，前腳蓋進，後腳倒插，前腳打開如烏龍翻身，魚打挺之形。

8. 八卦旋轉步

八卦旋轉步也就是走轉正反拉涮步，手法是三換手、移花接木法。接手抓肘，順膀挫肩，勾扣住脖頸似用管鉗刁圓磨轉法，走圓轉圈制中，正反拉涮倒把，使對方猶如

進到漩渦之中。擰轉挫根走轉，隨勢用勾揀發力。

9.抓倒進退步

抓倒進退步，連續撤後腳回前腳退走，再變前發虎撲，是接手拿肘扒脖頸，前後方向進行回拉前發，下勾上發之步法。是仿道「來回勁」的牽動捋帶具體應用法，也叫黃鼠狼拉雞法。

步是負載全身重量的萬向之輪，前後、左右、上下移動變向之樞紐。步法練習純熟後，動作出於無心。鼓舞出於不覺，身欲動，而步為之周旋；手將動，而步亦為之催逼，不期然而然。步無所定，在於靈活，不可強制，故在練習純熟，動作出於無心。心意敏捷，則步法亦隨之敏捷，步法敏捷靈活，則動作捷如猿豹。

十三、曹繼武《形意拳十法》解說

聞子不語力，固尚德不尚力之意也，然夾谷之會，必用司馬。且曰吾門有由，惡言不入於耳，是武力誠不可少矣。於是顧其身家，保其性命，有拳尚也。拳之種類不同，它門不知創自何人，惟形意拳則出於宋朝岳飛岳武穆王。嗣後金元明代，鮮有其技。至明末有山西姬隆鳳先生，遍訪明師至終南山，曾遇奇人，授岳武穆王拳譜而傳授。先生自得拳譜，如獲奇寶，朝夕摩練，盡悟其妙。而先生濟世心切，憂慮人民處於亂世，出則持器械以自衛尚可。若夫太平之日，刀兵伏鞘，偶遇不測，將何以禦之，除學技擊外無它法，於是盡傳其術。

解說：曹繼武是姬隆鳳的入室弟子，形意拳第二代尚字輩傳人，文武雙全。這段文章闡明了形意拳是由宋代岳飛所創，後經元、明數代隱匿傳練，到明代 1650 年左右，山西蒲州（今永濟）人姬隆鳳（1602～1683）在陝西終南山遇奇人，獲贈岳武穆王拳譜及其精義。姬公得拳譜後如獲奇寶，朝夕練習揣摩，終悟其中的精理奧妙，並傳於後人。

　　何為六合？肩與胯合，肘與膝合，手與足合，心與意合，意與氣合，氣與力合，內陰外陽，內外貫為一氣也。最為要者，前後各六勢，一勢變為十二勢（即十二形也），十二形仍歸一勢（即一氣也），且又有剛柔之分也。剛者在先，固徵其異；柔者在後，尤寄其妙。亦由顯入微，由粗得精之意也。乃世之練藝者，多感於異端邪說。而以善走為奇，亦知此拳有追法乎。以閃為妙，亦知此拳有捷法乎。以左右封閉為得力，亦知此拳有動不見形，一動則至，而不及封乎。且能走，能閃，能封，能閉，亦必有目見所能然也。故白晝間遇敵，尚可僥倖取勝，若黑夜時，偶逢賊盜，猝遇仇敵，不能見其所以來，將何以閃而閉之。不能見其所以動，將何以封閉之，豈不反誤自身。惟我形意六合拳，練上法、顧法、開法於一貫，而其機自靈，其動自捷，雖黑夜之間，而風吹草動，有觸必應，並不自知其何以然也。獨精於斯者自領之耳。

　　然得姬老師之真傳者，只有鄭師一人。鄭師於刀、槍、拳、棍無所不精，會通其理，因述為論，乃知一切武藝皆出於拳也。彼世之習六合拳者，各盡不同，豈其始藝之不類否耶。幸得學於鄭師之門，以接姬老師之傳也。故

法頗精，而予得之尤詳，故就其論而釋之，著為《十法摘要》，非敢妄行諸世，聊以教誨後進之人云爾。

解說：形意拳第二代傳人鄭某某，有姓而自埋名，得姬公形意拳之神髓，功法純精。曹繼武跟姬隆鳳和師兄鄭師學藝，得其精髓，並著形意拳十要，教誨後學。

一曰三節。舉一身而言之，手臂為梢節，腰胯為中節，足腿為根節是也。分而言之，三節中又有三節，如梢節之三節，則手為梢節，肘為中節，肩為根節。中節之三節，則胸為梢節，心為中節，小腹丹田為根節。根節之三節，則足為梢節，膝為中節，胯為根節。皆不外乎根中梢、起隨追三字而已。蓋梢節起，中節隨，則根節要催。三節相應，不至有長短曲直之病，亦無參差俯仰之虞，所以三節貴乎明也。

解說：練形意拳要知三節之要，發力均是梢起，中隨，根催是也。知其三節之分，接手制肘防肩，由梢至根無不明白。形意拳的三催六合之法特別重要，得後則發力整而有透力。以腰為中點，上三催是肩背、肘和手，下三催是臀胯、膝和足。凸腰脫背力外發，臀收尾坐精靈氣。

二曰四梢。渾身毛孔為血梢，手指腳指為筋梢，牙為骨梢，舌為肉梢。與人相搏時，舌頂上腭，則肉梢齊。手腕足腕撐動，則筋梢齊。牙齒相合，則骨梢齊。後項撐動，則血梢齊。四梢俱齊，則內勁發矣。所以四梢，尤其要訣耳。

解說：形意拳是心意之學，用心意使氣達三節四梢。舌頂通任督，叩齒骨自堅，體呼吸是血梢所為之，虎威鷹猛以爪為鋒，筋梢所為。舌頂齒叩，穀道內提，發丹田之

內勁，骨梢，肉梢所為也。藝不精，必從四梢找。

四梢勁猶如虎豹猛獸搏殺時，血梢發起則毛髮豎炸，骨梢發起則嘴張齒露、利牙貫勁，筋梢發起則爪鋒外露如鋼鈎，肉梢發起則口開舌縮，是天然野性發作之力。人不練四梢勁便沒有這種野性之力，這就是野蠻其體魄也。

三曰五行。五行者，金、木、水、火、土也。內對應人的五臟，外對應人的五官，均屬五行。如五臟則心屬火，心急勇力生。脾屬土，脾動大力攻。肝屬木，肝急火焰蒸。肺屬金，肺動沉雷聲。腎屬水，腎動快如風。此五行之著於外也。故曰五行本是五道關，無人把守自遮攔。天地交合，雲蔽日月，武藝相爭，蔽住五行，真切要論也。又手心通心屬火，鼻尖通肺屬金，形意拳用單面掌，掌手雷火到金化，最為注意，餘可類推矣。

解說：形意拳論五行主要盡生剋之妙，交手蔽住五行永無凶。五行外通五官，武藝相爭時肘不離心，裏顧心肋部。護住面部為外五行。因為所有動物沒有不怕打頭擊面的。打人不打臉，必是師父傳藝短，此意不言自明。

四曰身法。身法有八要，起、落、進、退、反、側、收、縱是也。起落者，起為橫，落為順。進退者，進走低，退走高。反側者，反身顧後，後已成前。側身顧左右，左右已無隙也。收縱者，動中縮勁，收如貓伏，縱如虎撲也。大抵以中平為宜，以正直為要，與三節法相貫，不可不知。

解說：身法八要的起、落、進、退、反、側、收、縱之法，與三節之法相貫，手不離心，肘不離肋，出洞入洞緊隨身。無論進退反側顧左右，要手不離中心，守中用中

不離中，如用槍打活靶飛碟，有機會即發，是身法中正所要。

五曰步法。步法有寸步、踐步、墊步、快步、剪步是也。如有尺遠，寸一步可到，即用寸踐步。如三五尺遠，即用墊步。快步者，起前足，帶後足，平走如飛，並非踴躍而往也。猶如馬奔虎踐之意也。非意成者，不能用也。謹記遠處不發足。倘遇人多或有器械者，則連腿帶足併剪而上，即所謂踩足二起，鴛鴦腳是也。善學者，隨便用之，總不可執，習之純熟，用之無心，方盡其妙。

解說：以上所論，談到三五尺遠，正是身前空間圈，用墊步搶位入圈，在圈內可以連手帶足併剪而上，實為手足的上下相合之剪法。此法是形意拳六合門的內外六合方法之用。手伸離彼身，跟步又縮勁。開合往復用，形意步法真。

六曰手法、足法。手法者，單手、雙手、起手、拎手是也。起前手如鷂子入林，須束身束翅而起；推後手如燕子抄水，往上翻，藏身而落。此單手法也。如雙手，則兩手交互，並起並落，起如舉鼎，落如分磚也。至於筋梢發，有起有落者，謂之起手。筋梢不發，起而未起者，謂之拎手。總之直而非直，曲而非曲，肘護心肋，心起口出，起手撩陰，而其起如虎之撲人，其落如鷹之抓物也。足法者，起鑽落翻，忌踢宜踩。蓋足起望膝，膝起望懷，膝打膝分而出，其形上翻，如手起撩陰是也。至於落，即如以石鑽物也，亦如手之落相同也。忌踢者，一踢渾身都是空也；宜踩者，即如手之落鷹抓物也。手法足法，本自相同，而足之為用，尤必知其如虎登山行之無聲，龍之游

空變化莫測也。

解說：形意拳劈拳回抓鑽出時，起手縮身斜進，心起口出。雙手是虎撲雙撞掌，起手如舉鼎有向上的鑽裹勁，落如分磚有翻掌的抖勁，藏身而落有脫背縮身之形。勾足提膝，為足起望膝，膝起望懷，膝打膝分而出。蓋足起望膝，膝起望懷，膝打膝分而出，是膝有鑽翻合分。進合膝是肘膝前後要有鉚切之力。形意拳進手法，要明大圈手足有吸拉力。手有撥轉吸拉之能，腳有行程槓別、勾掛之功。

七曰上法、進法。上法以手為妙，進法以步為先，而總以身法為要。起手如丹鳳朝陽是也。進步如搶上搶下，進步踩打是也。必須三節明、四梢齊、五行蔽、身法活、手足相連、內外一氣，然後度其遠近，隨其老嫩，一動而即至也。然其方法有六，六方者，工、順、勇、急、狠、真也。工者，巧也。順者，順其自然也。勇者，果敢也。疾者，急快也。狠者，不容情也。真者，發心中得見之真，而彼難以變化也。六方明則上法、進法得矣。

解說：「起手丹鳳朝陽」是起手的手心先朝向自己的面部，再向外翻向對方的面部。陰陽磨轉先裹顧，前手總要找面部，護心、護肫，形如搏兔之鷹鷂。搶上搶下是手腳併進，形意拳的進法要明身前空間圈，六合相吸手足圈，肘膝相合鉚切圈，肩胯相合擰轉圈。三圈交錯相合為螺旋圈。氣隨心意用，硬打直進無遮攔。

八曰顧法、開法、截法、追法。顧法者，單顧、雙顧；顧上下、顧左右前後也。如單手顧則用截手捶，雙手顧則用橫拳，顧上則用沖天炮，顧下則用掃地炮，顧前後

則用前後掃捶，顧左右則用填邊炮。非若它門用的勾連掤架之法也。

開法者，有左開、右開、剛開、柔開也。兩手橫拳回環，左手開如裡填，右手開如外填，藏肩裹肘熊膀也。剛開如前六藝之硬功，柔開如後六藝之柔勁也。

截法者，有截手、截身、截面、截言、截心也。截手者，彼手已動而未到則截之。截身者，彼微動而我先截之。截言者，彼言露其意則截之。截面者，彼面露其色而截之。截心者，彼目笑眉喜，言其意恭，我須防其有心而迎機以截之也。則截法豈可忽乎哉。

追法者，與上法進法貫注一氣。則隨身緊超，追風趕月不放鬆也。彼雖欲走而不能，何慮其邪術哉。

解說：以上所論是形意拳顧法六藝真傳。顧法單手用截手炮，雙手用橫拳。上用沖天炮；下用掃地炮；左右用回環填邊炮；一拉即扎，一觸即發，前後用護肩掃捶炮。

開法用回環手，左右撥轉，拍位戳擊。開手硬功用截手法，軟手用領化法。

截法的截手截言，截身截面，截言攻心，是指有文韜武略的奇才，對文武變化之道的用法。

追法用寸步、踐步、格登步，追也是進法。欲進必須抓挒扣拿住對方，使其不能逃脫，就像巨蛇吸物一般。

九曰三性調養法。何為三性，蓋眼為見性，耳為靈性，心為勇性。此三性為藝中之妙用也。故眼中不時常觀察，耳中不時常報應，心中不時常驚醒，則精靈之意在我，所謂先事預防，不致為人所算，而無失機之虞也。

解說：害人之心不可有，防人之心不可無；人無傷虎

心，虎有食人意。「心不出圈則心安，手不出圈則自保」。凡事「預則利，不預則廢」，警惕之心應常存。

十曰內勁。失內勁者，寄於無形之中而接於有形之表，可以意會而不易言傳也。然其理則可參焉。蓋志者，氣之帥也。氣者，體之充也。心動而氣則隨之，氣動而力則趨之，此必然之理也。有謂撞勁者，非也。有謂攻勁者，非也。崩勁者，非也。殆實屬沾勁是也。

竊思撞勁太直而難以起落，攻勁太死而難以變化，崩勁太倔而難以招展，皆強硬露形而不靈也。

沾勁者，先後天之渾圓氣，日久練為一貫，出沒甚捷，可使日月無光而不見形，可謂手到勁發，使陰陽交合而不費力。總之如虎之登山，龍之行空，方為得體。以上十法，為形意拳精華要論，練為一貫，而武藝已成矣。

解說：形意拳內勁之法，可意會而言語不能詳述，習練者持之以恆練習用功，必經剛、柔、化三步功夫，不能只聽說會念拳經就覺得會練。崩勁、撞勁、攻勁都是初步明勁。形意拳的上乘勁，是先後天之渾元勁，五行十二形，均是渾圓一氣的沾顫勁，無形無像，招手無為而至，令對方防不勝防。

十四、《形意拳經歌訣》解說

打人定要先上身，腳手齊到才為真。

解說：形意拳講打好手，不打跑手，打人「心不出圈則心安，手不出圈則自顧」。對方進身，我則吸化。我吸化就等於我進身，以逸待勞，上身要明三前顧七星。在三

尺以外、五尺以內為空間圈，手腳六合以內為大圈，肘膝以內為中圈，肩胯之內為小圈。所謂退圈容易進圈難，進法追法吸拉先，欲退不能方近身，引到身前要縮勁，手腳齊到展放真。關鍵是對方在圈內，方可用意搶位而進。

拳如烈炮龍抖身，遇敵好比火燒身。

解說：形意拳是鑽、裹、箭三拳的發展和細化，拳從顧法起，每拳都要有抱裹捲合勁，猶如捲炮裹得越緊，爆發力越大。形意拳接手先不能向外張揚，而要用意回縮，前後伸縮，左右捲合撥開。遇敵好比火燒身，是講的顧法，猶如從自己身上向下撲打火焰一樣。先打顧法後打人，原來卻是打本人，打了本人也就顧，心急好比火燒身。

頭打去意占胸膛，渾身齊到人難擋。

解說：頭為六陽之首，頭打有刁、搖、晃、碰、頂五字，左右用刁、搖、晃、碰法撞擊，向前用頂撞法。用頭打也要用吸拉法，直碰正撞其胸。

沾實用力須展放，兩手只在肋下藏。

解說：與對方接手有力點找實後就要迅速向外展放。兩手只在肋下藏，是縮身顧法之形，肘護內外五行。

胯打陰陽左右便，兩足變換須自然。

解說：外胯好比魚打挺，裡胯藏步變勢難，兩足變換須自然。手向回吸拉，胯向前撞，勁力才相合不空。用外胯打人是烏龍翻身，兩足變換，左右背步交叉合勁，順勢打開用槓別滾打。裡胯藏步是用四平馬肘膝相合，埋擠嚴密，使對方不能變式而背勢，是肘臂合胯挾剪之技的用法。

左右進取宜劍勁，得心應手敵自翻。

解說：左右進取宜剛勁，讓開正中定橫中，用三角步上左進右，上右進左，得對方偏線橫點時，馬上發剛力，腳到身湧上下相合敵自翻。

膝打要害能致命，兩手空惶繞上空。膝打幾處人不明，好比猛虎出木籠。

解說：膝打中門小腹下陰部，偏門撞外胯部，抹頭撞面部。用膝打人頭先是進身貼靠，再提膝上撞，兩手向前上方走空，再向回捋掛勾打，上下合力，以增加向前的慣性力。

蓄意須防敵人覺，起意好似捲地風。

解說：蓄乃蓄力、蓄意、蓄氣也。蓄必須在動中縮勁，伸極而縮，縮極而伸，不能有間斷，形斷意不斷，意斷勁相連。進而再進，身處在空間圈以內不要停留。捲地風，指形意拳的踐快步進退如風。

正來斜打，斜來正打，起手就打。

解說：彼正來，我用斜身打；彼斜身來，我用正身法打。無論正身法，還是斜身法，只要看見就用，望見就使。起手就打，是三點一線時觸動即發，耳為偏線，鼻為中線。守中用中不離中，偏斜有點都是正。猶如端槍找靶轉，哪有身法正和偏。形意拳有點就發，打人不顯形，猝不及防而至。

頭打落意隨足走，起而未起占中央。

解說：形意拳頭、肩、肘、手、胯、膝、足七星相助為友，頭為一拳，其法有刁、搖、晃、碰、頂。頭打必須隨步進，步到有位則發，不能超出六合圈以外，以免被對

方抹脖捋摔跌倒。起而未起占中央，用頭也是一拳，頭中身也必中。心起口出能撲中，頭打是進圈打人法，是近戰、惡戰制勝法。會用頭打者法毒而防不勝防，重武德者可不用，但不可不防，凡事「預則利，不預則廢」，學者悟之。

腳踏中門搶地位，就是神手也難防。

解說：起手鷹空搶地位，足下存身，搶位欺身打人是形意拳的特點。腳能插到對方的襠內，就等於破了對方的根部，對方豈有不敗之理。

肩打一陰反一陽，兩手只在洞中藏。

解說：肩打伏身靠銅牆，踐步撞靠人難擋。中正拍肩把頭護，兩手就在嘴下藏。肩打一陰反一陽，兩手只在洞中藏，也就是一左反一右，兩肩相互顧，兩手護腮部。吻肩翻背鍘切力，能用肩時不用肘，用肩就是與胯相合法。

左右全憑蓋他意，束展二字一命亡。

解說：「束」是縮的意思。「左右」是指左右兩手。「憑蓋」意是用蓋面掌前按。下部乘虛而入，打對方心肋要害部位。束展勁有穿透力，能制人於死地。形意拳得束展一氣之法不易也。

肘打去意上胸膛，起手好比虎撲羊。

解說：講的是一種暗勁，單手劈掌，雙手虎撲，都是中節藏力發勁，起落豎橫，拐肘妙用。起用上挑肘，下用回掛肘。裹抱順拗連環肘，橫打擺肘鐵門閂，回鍘合膝潑刀肘，左右擊打脫銬肘，四馬下點破腿肘。

或往裡撥一邊走，後手只在肋下藏。

解說：是前手接手，後手托肘，使彼的手偏中一邊

走，隨即後手倒手向彼的肋下打去。此手法是形意拳藏圓的典型打法，是圈中捶的用法。

拳打三節不見形，若見形影不為能。

解說：身體上下分上、中、下三節，每節又分為根、中、梢三節，發力是梢節起，中節隨，根節催。形意拳練的是往返進退伸縮之法，動中縮勁不見形，猶如一個壓縮好的彈簧，伸縮往復如槍栓撞針之簧。形如撲鼠之貓，意動即發，目不及瞬，猝不及防。

寧在一氣先，莫在一氣後；寧在一思進，莫在一思存。

解說：動靜進退高度警覺，「凡事預則利，不預則廢」。猶如電動工具，先起動轉起來，外表看似不動，遇物則所向披靡，勢不可擋。寧在一思進，莫在一思存，是在身前空間圈，六合手足圈，肘膝鍘切圈，肩肘擰轉中心圈，在圈內寧進退，勿停留。停留就如同把自己放到菜墩之上，待而剁之。

胯打中節並相連，陰陽結合得之難。

解說：胯打時兩腿中節交叉，用左右背轉槓杆步，外胯槓打別挑。「陰陽結合得之難」，指的是上用拉涮下進身，上引下進，左右一晃游動身，使對方騰空拔根而起摔出。

合身展轉不停式，左右明撥任意行。

解說：「合身展轉」是窄身疊步藏肩裹肘縮身展轉，裡填外開用於顧法。「不停式」指的是單手用截手炮，雙手用橫拳撥轉不停。任意行不用勾掛架搪之法，是一拉擦磨挫就出手發勁，偏門叫磨邊炮，正門叫擴邊炮，上叫沖天炮，下叫掃地炮，回身叫護肩橫掃炮。

腳打踩意不落空，消息全憑後足蹬。

解說：是足起望膝，膝起望懷，進步膝打膝分，膝頭領勁，下踩如毒物，似巨石落水鑽物。手上發勁意如踩物，踏掌踩意不留情。是形意拳「踩撲裹束抖」五毒五訣之用法。

臀尾起落不見形，猛虎坐臥藏洞中。背尾全憑精靈氣，起落二字自分明。

解說：形意拳身形是龍蹲虎坐之姿，挺拔大方。背上拔，臀下坐，重位變成重力波，強若不倒之翁。丹田鬆闊前後蕩，凸腰脫背勁外發，臀尾起落也開合，身勢一沉臀尾坐，猛虎坐窩差不多。形意拳丹田開合，背尾起落雖不顯形，但臀部的起落用意必須分明。背尾起落其形藏於內，謂之藏圓之術。

十五、《形意拳五行精義》解說

劈拳解說

形意五行劈拳的練法精義是動則為拳，靜則為樁，動靜結合，拳樁一體。劈拳是岳武穆王三才式單、雙推掌變陰陽回環掌藏圓之術的基本功法。八卦取其斜身正手、走轉穿掌換勢陰陽回環。展開走圓就是太極的單鞭、雲手、攬扎衣等舞圈之動，形意拳擴而練之為八卦拳、太極拳。八卦拳、太極拳縮而練之，提煉精華、求精練實為形意拳。形意拳是拳術內經之精，八卦拳是剛柔之術，太極拳是變化之法。三拳是「內外一體不二」之術。

形意拳又以劈拳見功，用心意練六合。形意拳「萬法出於三體式」也就是劈拳之變。樁法、劈拳是形意拳之母拳，它的外形練順者，就得中和之力，所以形意拳要求把把不離橫拳中和力。前足進後足跟，動中縮勁，蓄發相變，往復無窮。寸步、踐步、快步為天地人三步，是形意拳步法的一大特點。

起勢鑽，落勢翻，起橫不見橫，落順不見順。用心意練六合，進合膝沾身縱力。左右合是標準，上下合是勁術。手回步進、上下對錯相合，肘回膝進有剪切之功，肩胯擰轉內有螺旋之力，六合之力也就是形意拳的挾剪之技。陰陽虛實分明，高不過眉，低不過心，出洞入洞緊隨身。劈拳似斧性屬金，用法是「撇、劈、砍、剁、斬、截、砸」，顧打齊出，出手便是。撇打用的是斜面顧打法，閉肘護肩顧下打上一圈之變，斬前截後、砍剁攔截顧打連環一勢，橫來棒壓，左蓋右劈。所謂用劈拳，就如同以手持斧頭或菜刀橫劈豎剁上斬下截，左右格攔棒壓，順勢自然而用，隨意砍剁即是。

鑽拳解說

形意五行鑽拳的精義是「鑽裏箭」擰裏鑽翻，其用法是挫面掌、沖天炮。由下向前上擰裏沖鑽而出，跳步蹬點三點步，照準下頜向上鑽，犀牛擢挑勁一般。回勾前打鑽為先，下巴耳門正與偏。一手回捋一手鑽，著實用力敵後翻。

崩拳解說

形意拳崩拳的精義是全身伸縮發力，如弓弦的彈崩

勁，子彈脫殼的爆崩穿透之力。蓄勁開弓如弦滿，發勁爭捶如放箭。內裏外崩、隨曲就伸，發槓杆橇崩之力。頭肩肘手胯膝足靠打崩撞，有空就崩發。手不可太低，也不可太高，低不過心，高不過嘴，兩手掙力如撕棉。跳步蹬點三點步，槓杆勁力意如箭。手握拳頭勁如錘，照準心面向上擂，直拳刺拳戳擊用，炸力用意快無跡。腳打七分手打三，動中縮勁向前鑽，一寸、二踐、三格登，進步好似捲地風，追風趕月不放鬆。

炮拳解說

形意五行炮拳的精義是摔裏鑽翻，裏合挑頂、內捲外炸如炮。無論是高挑、低壓還是中掤擠，都是先裏合、後炸開的「鑽裏箭」開合之法。要肘不離肋，手不離心，雙手起鑽形如舉鼎，落如分磚，形斜意正，中線不丟，左右練習，如神龍游空。跳步蹬點三點步，槓杆螺旋勁力向前，意爆四面。圈內有物起手炮，進圈欲退不能逃。開合、合開伸縮步，摔裏翻抖勢無休。一氣開合裏放勢，手長身縮腰身坐。起落都打劈砸炮，半步連環追法妙。

橫拳解說

形意五行橫拳的精義，是用單手斬截裏顧，用雙手摔裏回環、形如摔繩，其形藏肩裏肘如熊膀，窄身疊步身法落空也為橫。肩、肘、手三節內填外擴，如盤中鋼珠滾動，無物則轉，有物則拍位戳擊而發。是岳武穆雙推掌，變陰陽回環手暗藏鑽橫力，是形意拳顧法精華之本。在身內意為土，在勁上中和力為土，在拳的手法上鑽裏橫為

土，故萬物土中生，橫拳為橫生橫破變化無窮。

十六、《形意拳十二形精義》解說

龍有騰空搜骨之法，游身換影之妙。

解說：形意拳是練一身龍虎之骨任橫行之術。用法上招手就往腿上踹，隨手再把面門蓋，截蹬探爪一氣連。摔時用背步交插臥龍槓杆步，用胯、膝、足順勢打開滾槓別挑，把對方打起騰空而出。上左進右，上右進左，步動三角，身法背轉，如龍游空不定。手不空回，腳不走空，截蹬擺尾鞭腿擊打，虛實靈動，三隻手腳協調用，其勢如拳譜說的「風吹浮雲散，雨打沉灰淨」，一接手就讓對方身上「拳腳不斷」。

虎有抱頭撲食之勇，一撲二踐三抽尾之能。

解說：形意拳取虎有撲食之勇。一撲、二踐、三抽尾是虎形特點。形意拳三體式雙推掌，虎撲撞掌也叫雙劈拳。虎撲之法體現形意拳伸縮之功力。身前有人撲不出，那是虛功假拳不得真傳。一撲的特點，其形如猛虎撲羊，心起口出，暗用豎肘法，護心肺顧打一體，動中縮勁，形不外露，起手就撲。單手撲為罩面掌。二踐的特點，是踐似猛虎入林，前足進後足隨，獨足格登如猛虎出柙籠。三抽尾特點，是五花炮砸為妙，臂手虎尾鞭，雙拳似輪翻。招前打後陰陽翻掌，單封單進揮臂如鞭抽面擊打。

蛇有吸拉撥草之絕，盤纏縮拿之精。

解說：蛇有撥草之絕，吸拿盤纏縮繞之精。形意拳的挾剪之技，能用肩不用肘，能用肘不用手，正是蛇形用肩

肘鑽裏靠打法。形意拳的進法、追法，雖彼欲退卻不能逃脫，猶如盤蛇吸食走。接手就有吸拿鎖扣纏繞之能，制肘扒脖拉涮，身體手臂活如蛇動，抱臂吻肩跨步別、反挑斜飛勢，身法變化如蛟龍、賽活蛇曲鑽纏繞。

馬有刨蹄之功。

解說： 其精義是腳下用抓倒進退格登步，有馬奔虎踐之形。上用兩手兩拳如馬蹄探打，直拳、刺拳、橫擺、勾拳，前後、左右擊打為馬形連環捶。形意拳虛實一般是前虛後實，而馬形可用三點步是前實後虛，後腳腳前掌蹬地，也稱槓杆步，移步蹬點，隨身而發。

鷂有束身入林之巧。

解說： 鷂子入林要束身。對方的雙臂腋下為「林」，無論正門偏門鑽圈入林，束身束翅先吸拿正反拉涮，對方為保持平衡不得不開臂，造成虛而不實，有空可鑽。鑽就是入林法，入林吻肩反背，背上斜飛為摔法。入林的打法如順步炮拳，就是入圈縮身再展放發力。形意拳象形取義，鷂子入林抿著翅，熊形藏肩裏肘，均是縮就法之妙用。

雞有爭鬥之志，食米抖翎之能。

解說： 形意拳步步不離雞腿，兩腿陰陽分明，膝打膝分，下踩勁顛足發力，能把腳下踩勁打到手掌上，踏心注胸、力透五臟。雞有爭鬥之志，指的是上托手用穿心腳。前掌罩面為啄，後手用拳打頂心捶為食米，金雞食米可用雙手合力，為加強拳。抖翎是取其猛禽抖翅之能，側身踏掌，扶按膝部手別摔法。

燕有抄水之妙。

解說： 燕子抄水就是迎面下勢揀腿。接手抓肘、倒手

扒脖先轉走拉涮，正手切脖扣步下勢，回揀前摔如鈍鐮割穀，用摔法把人射摔出去。

鴕有調尾崩撞之形。

解說：原來形意拳為「鑽裹箭」三拳十形，後由李老能先師在山西太谷，根據十天干，十二地支由十形增為十二形，鴕、鼉兩形是後增加的。形意拳遠取諸物，近取諸身，拳法何止是十二形之精義，只不過使初學入門者，有拳法可依而已。分則為五行十二形，合則為一勢一氣之變、化為虛無，學者不可拘於教條。鴕形正面用雙拳似拳非掌，名曰爆掌撞打。調尾用臀崩擊打是摔法，盤肘入手抵胯崩摔。

說起形意拳鴕形，不得不提起韓國的跆拳道。鴕馬有崩撞撅踢之形，而跆拳道只不過是人體「七星七拳」中的膝足兩拳變化而已。兩條腿上踢、下劈、左右橫掃、連環崩踢，其形也不過如鴕馬撅踢；其武學文化內涵，所強調的精神意志鍛鍊也無獨到之處，但跆拳道能發展成為今日有影響的體育項目，受到重視，這一點就比空談虛論要強得多。

鼉有浮水雲領之精。

解說：游鼉架浪八面行，和太極雲手，八卦單換掌、摘撞掌一樣，都是陰陽回環變手，它是拍位戳擊的前奏手法。正轉心起口出為起鑽落翻，翻轉由上向下為白虎洗臉。顧打一圈一氣之變，進退開合倒接換手，磨邊挫發，擴圓找點定中發力。

猴有縱山跳躍之靈。

解說：練形意拳身體四肢八節堅硬如鐵，身法捷如猿

猴，取猴的縱跳之靈。和龍形游身換影不同，它的步法是三角步跳左進右，跳右進左，左右回環護肩掌順手爬杆合膝探打，倒手移花接木連環探掌而用，快如閃電。

熊有豎項禦敵之功，探掌靠打之能。

解說：熊鷹兩儀，取法為拳，陰陽暗合，形意之源。熊有豎項禦敵之功，是取其熊無肩膀之姿，人不可能無肩膀，形意拳在裏顧左右時用藏肩裹肘之形。用擴邊炮兩手內填外擴時，取其藏肩裹肘御敵之精義，用熊形穿心肘擊打。窄身、反背疊步，護肩進身。形意拳的特點是雞腿、龍身、熊膀、虎抱頭。

黑熊探掌、白虎探掌都是撲面掌，熊形靠打是穿心肘反背捶上下連環，變化無窮。

鷹有抓拿刁扣之功，盤旋搏兔擊打之能。

解說：三體式護肩掌，起手鷹捉不用忙。鷹有抓拿攫取之功，搏兔之形，如三體式劈拳。形意拳的特點是起手鷹捉，出勢虎撲。心起口出，有護心護肫之形。接手制肘扒脖，抓臉撲面猝不及防，扣如鋼鈎，勁力入骨。抖翅之功是單封單進下拍上提，抖打面部。腳可不翻不鑽，以寸為先；手可不擰不轉，有手反抖就有。鷹有抓拿刁扣之功，盤旋搏兔擊打之能，一手抓捋盤旋動步，一手用掌拍擊劈打腦後，重可斃命，不可輕用。

十七、形意拳《獅形、象形、牛形三形之精義》解說

形意拳獅形、牛形、象形是由李老能之孫李振邦

（1864～1949）在太原由弟子薛顛、李雲龍、胡躍貞研究其精義而定。任何拳術絕對完美是不可能的，都是相對完美而言。「他山之石，可以攻玉」，擇其善者而從之，其不善者而改之，作為一個拳種才能一步步向前發展。

獅有張嘴之凶，抖毛之威。

解說：獅子張嘴在八卦中運用命名，形意拳取其精義，出勢兩掌合抱形似獅子張嘴。其精義是吸拉抓拿入圈裹抖，反關節發圓轉之抖力，是挫筋斷骨之法，側身轉進為獅虎爭鬥，有破虎撲之能。

象有捲拋摔打之功。

解說：取大象的捲拋摔打之功，接手拿肘，入臂吻肩抱胯，游身擔化向上捲拋。穿襠靠，鐵板橋，背上斜飛，都是用象形入手吻肩反背，將人拋出跌摔。

牛用雙角能鬥虎。

解說：牛用雙角能鬥虎，起落豎橫，拐肘妙用。人無角而取其牛頭「恍碰頂」之精義用頭打。用兩肘仿角起落豎橫，左右擺打。豎用肘手連環如犀牛攉挑，銳不可擋。橫用裹抱展放剪切靠打，如擺肘鐵門閂，回鍘合膝潑刀肘，左右擊打脫銬肘，下勢四馬破腿肘。牛形是專用肘打之技法。

第四章
八卦掌拳經歌訣解說

一、八卦掌用法精奧論

八卦、形意、太極拳都是以拳仿道之理，以道統拳而變之術。八卦用掌，以掌代拳，可謂拳不如掌，掌不如指，拳掌伸縮變化可為器物的「刀銼鈎叉鉗」因勢而用。用掌緣砍切用法如刀，回掛前銼走斜面如銼沾物，扣如鋼鈎、捋肘掛脖如鈎，用掌指戳目截喉如鋼叉，用虎口抓扣卡拿掐嗉如鉗。形之上者為道，拳仿道反動柔變；形之下者為器，以身體四肢八節為器，隨勢而用。

拳是鷹嘴拳，掌是天星掌，出手迎敵不能擋。單換掌，雙換掌，拍位戳擊把人傷。

二、八卦掌斜身妙用法

八卦掌有「靜如龍蹲虎坐，動似神龍游空」之稱。其外形斜身法，走圈打點制中言。形意拳正身法，八卦掌斜

身法，太極拳轉身法，跤術擰身法，正斜轉擰為一圈一氣之變。都講用六合法，八卦身斜勢正，如龍虎守中用中不離中，所謂六合用法都是「合而不合，不合而合」方可用矣。閃開正中定橫中，就是八卦脫身換影法。

形意拳的上左進右，上右進左，步動三角抽撤用，身游八方無定勢。如龍游空，變化莫測。形意身法正斜奇正變，八卦斜正守中圈，正變斜變虛實變，陰陽就在黏隨間。形意八卦太極拳，陰陽載體各一面，內縮外括是一理，反動柔走循自然。

三、《八卦掌拳經歌訣》解說

八卦掌走為先，收即放，去即還，變換虛實步中參。走如風，站如釘，扣擺轉換步法清。眼觀六路腰身靈，龍行虎坐動和靜。陰陽手上下翻，沉肩墜肘歸丹田。抱六合，勿散亂，動作呼吸得自然。扣擺步要仔細，轉換進退在腰際，手打三分足打七，手腳齊到莫遲疑。胯打走，肩打撞，縮身擠靠暗頂膝。高不扼，低不格，迎風接進最為先。數語妙訣拳中要，不用純功亦徒然。

解說：八卦掌接手而走，本身就是圓轉化力落空法，使對方找不到我之中。「收即放去即換」，收為動中縮勁，縮後即發，「去即換」是出手後，跟步回手如連環。「變換虛實步中參」，是腳下必須分清陰陽虛實，前步虛後腳實。

「走如風」是指八卦接手制肘扒脖要旋轉如風，才有螺旋勁；如不快，對方居中我必受制無疑。走如風是轉，

站如釘是發力，動生陰陽，靜生剛柔。眼觀六路意注八方，扣擺步法腰身如游龍。

陰陽手是「刀銼鈎叉鉗」圍著腦袋轉，正反來回變。臀要坐背要拔，腰際丹田前後打，吸化呼發伸縮就，手三腳七勁不差，腳到手到六合法。胯打旋轉龍翻身，搶位用肩能拔跟。手領步進要合膝，高不扼，低不格，迎風接進最為先，接手順著胳膊面部挫。

以上語言不多，但非用功勤練不能盡八卦之妙。

四、《八卦掌拳論》解說

八卦本體，動相為基，圓周為尚，九功一體，圓心為核，八方動轉為變。角度相乘，剛柔相隨，剛盡必折，柔進必軟。彌漫六合，橫貫太空。

解說：天地間八方八卦，動轉為本體，八卦掌也摹仿天地運轉變化之道，八卦相蕩四時更替。接手就走轉，轉是走圓定方，其理也是無極生太極。無極、太極，其意為頂點、極點。八卦乃知轉圓而從方，要知道轉圓就是為了定方。

鬼谷子曰：「言吉凶無常準，故取類轉圓，然聖人坐忘遺鑒，體同乎道，故先知存亡之所在，乃後轉圓從其方，棄凶而從吉，方謂存亡之所在也。」

八卦掌也是附會在天地陰陽變化之道這個載體之上的象形取義之術。其理智慧無窮，其形如轉動的圓一樣不止。轉圓，本身就是不可窮盡的計謀之形和走轉落空法。

拳術走轉落空為體，找方制中為用，變化無窮。

五、《八卦掌轉勁》解說

轉勁，互易不窮，旋轉不止，如車輪然。

解說：轉勁，也就是走轉勁。正反走轉反側，磨身換掌步轉落空，身轉化形，手轉回環變化無窮，轉勁而盡然。

撐勁，兩力相違勁向相反，勁力相合順拗而進，身體四肢如撐繩然。起手撐鑽為合，落如分磚、撐為分散也。

解說：八卦掌是走圈打點制中之術，其奧妙全在動走轉撐之中。撐是轉的內在扭距力，光轉不撐不能守中用中不離中。身手在圈上但必須搶中而居，用持環得樞之法。腿要背轉撐合成槓杆步，才能用臀打臂槓，左右逢源借力而巧破千斤。

反力，是「反者道之動，弱者道之用」的具體應用，起不起何用再起，落不落何用再落，順力反動即是借用也。

解說：反勁也叫來回勁。由吞變凸，由回化變向外發，上引下進，引到身前勁已蓄都是反勁的用法。沾連黏隨是反者道之動，弱者道之用的基礎。向上走受阻就下變，向下動受阻就上變，回拉前送，前挫回勾是形意八卦的基本懂勁法，這就是欲上而意欲下，欲下而意欲上，前後、上下、左右皆然，不在外形身法上，全在用心意念變通，這就是化勁的用法。

速力，也就是快力，「法法有破，而法不破快也」。出手如閃電，目不及瞬是也。

解說：揆觀武術之妙，小力勝大力，弱者勝強者，非步快、身靈不能為，也就是「法法有破，而法不破快

也」。快為勁，如出膛之子彈；慢為力，力渾厚如千斤頂然。在武學交手之中，用慢則無有著力點，力雖然渾厚，但不能為人體所用。小個子要想打大個子，非提高出拳速度不可，形意拳、八卦拳所發的驚炸力就是猝不及防之術，學者參悟。

斜面力，斜面力如楔子的刀劈之斜面，遇物有鑽擠之能。

解說：武學人體力學的抱圓，所有骨節有棱有角處，就有斜面。形意拳、八卦拳形如抓兔之鷹，心起口出，護心護肫，起橫不見橫，本身就是斜面力的用法；落順不見順的藏肩裹肘之身法，也是斜面之暗用法。上引下進，引到身前勁已蓄，腳扎中門搶地位，就是神手也難防，本身就是用上了斜面力。斜面力的開合逆變，合則走轉拉涮螺旋力，展開由圓定方、挫手而出為斜面力。

槓杆力，六合內充，腿打臂槓，如槓杆之倚點，圓轉之本源。

解說：螺旋和斜面為陰陽相生，圓轉和槓杆是陰陽一體，合則是圓轉，分則是槓杆。背轉交叉槓杆背步，抓手拿肘扒脖，拉涮背步合勁，順勢胯打臂槓，用的是槓杆力。

渾圓爭力，全身無處不彈簧，骨節用力如弓張。

解說：無論是形意、八卦、太極拳，還是跤術，雖有正身、斜身、轉身、擰身之別，但都是以陰陽變化之道為載體，遵照「反者道之動，弱者道之用」之理，用螺旋、杠杆、斜面的力學之法，歸一人體力學之變。渾圓之力來源於站樁之功，通過樁功鍛鍊，渾身如膨漲之彈簧，筋絡骨節用力如開弓之爭力。

決炸力，冷炸決毒，當機立斷，出手不思悟，用四梢相濟之力。

解說：形意八卦出手，發決炸之力，也是五毒五決之力。首先是用意要毒，出手面前如無人。拳打枯枝落葉，無堅不摧，如重炮轟薄壁，銳不可擋，勢如破竹。

六、《八卦掌用法歌訣》解說

搬攔截扣，推托帶領。平按直撲，抱挑拗撐。刁撞鑽截，扭捌劈爭。截蹬踢踹，裡勾外咬。正反拉涮，胯打臂槓。左格右閉，直退側攻。近逼上下，沾拿守中。直攻近取，虛實互用。上拔下坐，丹田舒活。意注八方，有觸皆應。渾圓爭力，盡在其中。

解說：「搬攔截扣，推托帶領」，是八卦掌的八字基本用法，接手拿肘，將對方的來手搬攔到我中心以外，使之落空。截扣是用裡外蓋手壓截捋扣；推托帶領，是接手制肘扒脖，上托外推拔根就發；捋帶雲領，是吞吐上引下發；雲領是用窄身疊步，游身化形之術。

「平按直撲，抱挑拗撐」，是八卦的猛虎出柙單雙撞掌，脫手就撲，平推直按，直攻近取。抱是用手抱臂槓挑之法。橫雲拗步用踢摔法。

「刁撞鑽截，扭捌劈爭」，刁是抓刁捌臂，回捋前撞，上引下進；鑽截就是截手炮；捋抓扭轉身法用捌勁，捌是正反擰轉之法，「反者道之動」就是捌法。吞凸用的「來回勁」也是捌法；劈爭就是回勾前劈，雙手如開弓爭力。

「截蹬踢踹，裡勾外咬」，橫截、側蹬、板腳踢、正

腳踹，腳插中門，用裡勾外咬呼拉褶。

「正反拉涮，胯打臂槓」，八卦真傳轉不走空，接手拿肘扒脖行，正反拉涮漩渦力，抬腿用胯魚打挺，回反臂槓用捌功。

「左格右閉，直退側攻」，左格右閉是用單換掌倒手，就是陰陽回環掌變手；直退側攻是用三角步抽身換影，讓開正中用橫（側）中。

「近逼上下，沾拿守中」，近是進圈入盤，逼上是手臂摟扒對方脖頸，逼下是勾逼對方腳下。沾拿是扶按住對方之手，使之伸出來便不能回抽，回抽便不能出來，高抬便不能落下，落下便不能抬起，如絲網罩身束而不便。守中用中不離中，是技擊的恆定之星，交手自顧永不偏離之宗法。

「直攻近取，虛實互用」，八卦和形意相同，只不過是在身法上有正斜之分。八卦走轉是形式，制中時直攻近取為用。要想直攻近取必須虛實分明，前虛後實前發為用，前實後虛前後連環，前手如握鉤，後手如握劍。處處總有一虛實，騰不出手來打不了人，就是虛實之用。

「上拔下坐，丹田舒活」，八卦形意身法都是背上拔、臀下坐，謂之龍蹲虎坐。重位變成重力波，上輕下重強若不倒之翁。丹田前後動蕩，左右游身，均是以腰部丹田為龍頭舞動全身。

「意注八方，有觸皆應」，練八卦有功後，全身皮毛有很高的靈敏度，意注八方，支撐八面，全身無論哪裡被觸動，都能做到一觸即發。

「渾圓爭力，盡在其中」，八卦用斜身法，形似抓兔

之鷹；天、地、人三才之象站樁，兩手爭力，兩腿爭勁，渾身六面爭力如開弓。

七、董海川《八卦掌體用歌訣》解說

歌訣（一）

空胸實腹對拔腰，扭胯擺膝抓地牢，
沉肩墜肘掌前伸，二目須從虎口瞧。

解說：「對拔腰」是背上拔，臀尾下坐。「扭胯擺膝」是起落扣擺，扣足橫步；「抓地牢」是五趾抓地落地生根。「沉肩墜肘掌前伸，二目須從虎口瞧」，其形如搏兔之鷹，二目與手成一線，如打槍時標尺對準星。

歌訣（二）

後肘先疊肘護心，手在翻踏向前跟，
跟進前肘合抱力，前後兩手一團神。

解說：無論正身、斜身均要擺肘護心，「手在翻踏」是展開，伸極而回足前跟，進合膝動中縮勁。跟步乃開合之法，翻踏如分磚為開。進步合膝，前肘與膝相合。

歌訣（三）

步彎腳直向前伸，行如推磨一般真，
曲膝隨胯臀尾坐，眼顧三面不動身。

解說：步彎是走圓，腳前伸要直，行如推磨，旋轉正反拉或涮，接手拿肘扒脖走，勁如漩渦才為轉。曲膝隨胯

臀尾坐，眼顧三面不動身，身法要背上拔，臀下坐，則腰際丹田自能鬆活。形意八卦要求就是前顧、左顧、右顧三面顧。

歌訣（四）

一勢單鞭不足奇，左右循環乃爲宜，
左換右兮右換左，抽身倒步自合宜。

解說：「一勢單鞭不足奇，左右循環乃為宜」，是用單手如丹鳳朝陽，左右換掌回環，兩手一轉凶變吉，磨圓出方如鷹疾。「左換右兮右換左，抽身倒步自合宜」，是窄身疊步，上左進右，上右進左，脫身換影。撤後足，前足回，為抽身倒步拆橋法。

歌訣（五）

步要轉兮手守中，後手穿出快如風，
來去去來來回捌，勁要爭力如開弓。

解說：八卦拳走圈就是為了制中打點，身法正斜奇正變化無窮，都要守中用中不離中，手眼有靶出手迅疾。「來去去來來回捌，勁要爭力如開弓」，是用「反者道之動，弱者道之用」之理，吞吐開合「來回勁」牽動四兩撥千斤。兩手蓄力，有虛有實，找見目標把手送。

歌訣（六）

直掌前穿擦肘行，後肩前塡用身攻，
手撥搶位莫遲疑，吸拉進步入襠兮。

解說：前穿掌心起口出，起橫斜面不見橫，後肩變前

肩，跟步身擁全力用。手有撥轉吸拉能，步有搶位行程功。拉涮順勢把襠入，裡勾外咬呼拉襠，對方不倒也心慌。

歌訣（七）

胸欲空兮氣欲沉，背緊肩垂意前伸，
氣到丹田縮穀道，直拔顛頂貫精神。

解說：呼吸自然，背緊上拔如板牛，兩手用意前伸。丹田蓄力穀道提，前凸後打坐尾閭，精氣貫頂背尾力，直拔顛頂周天機。全身精氣後生前降，周流不息行周天之功。

歌訣（八）

走轉身體莫動搖，全憑膝下兩相交，
下盤雖講膝胯平，中盤也要下褪腰。

解說：走轉時身體不能上下左右晃動，前手如按虎頭，後手如按虎臀，膝下交就是膝打膝分，膝起望懷，足起望膝。手領身進，進則跟步合膝。背要拔、臀要坐，不然下盤無根。

歌訣（九）

舌頂齒叩唇要閉，呼吸全憑口與鼻，
力用極處哼哈泄，渾元一氣內外合。

解說：叩齒骨自堅，唇閉力自厚。正常呼吸用鼻，發爆發力時，吐氣發聲如龍吟虎嘯。哼哈二字立決勝負。

歌訣（十）

掌形虎口要圓撐，中指無名縫開展，

先截後打施腕骨，鬆膀長腰跟步鑽。

解說：是講八卦的手型虎口圓撐，出手要「刀銼鈎叉鉗」，因勢而變。先用裡外蓋手，再反手背抖腕擊面。鬆膀長腰跟步鑽打，動中縮勁。

歌訣（十一）

上步合胯退步辦，換掌換式矮身骸，
進退退進隨機走，只要腰腿巧安排。

解說：八卦步法為，進前步跟後步，退後步回前步，前後進退連環步。換掌換式手長身縮為「矮身骸」。進退隨機走，腰腿靈活，進合膝沾身縱力，肘手不出圈。

歌訣（十二）

八卦步法虛實明，進步動前仍有功，
退步還先退後足，跨步向外要離中。

解說：八卦步法虛實分明，前三後七。「進步動前仍有功」指的是寸步，退步要先退後腳，再退前腳，是連環步。「跨步向外要離中」，是上左進右，上右進左，用三角步向外跨步，閃開正中用橫中。

歌訣（十三）

龍蹲虎坐守住中，手要動時用膀攻，
未曾前伸先後縮，吸足再吐力獨豐。

解說：「龍蹲虎坐守住中，手要動時用膀攻」，講的是三催六合之法。接手不能外張，要先縮再伸，吸化呼發吞凸用，上引下進合即出。

歌訣（十四）

渾元爭力是樁功，前後兩手力相通，

梢起中隨根催動。招招如是不得鬆。

解說：強筋壯骨練丹田，站樁行氣積渾元，兩手虛實力貫通，用力的先後順序是梢起，中隨，根催。腰際丹田是身根，上下三催發勁整，凸腰脫背力貫通。招招發勁之法都是如此，不能放鬆。

歌訣（十五）

接手隨勁捌手變，聲東擊西循自然，

指上打下把手換，捲珠倒流一勢轉。

解說：圈內偏門接手用摘撞掌，中門用回環磨轉手，兩手倒換捌勁轉，聲東擊西很自然，指上打下把手換，捲珠倒流一勢轉。

回捋下按上撲是正捲簾，手上撩回抽再前撲是倒捲簾的用法。手捌腳撩也是倒捲簾用法，也就是由身前向下再向前上的立圈打法，是一圈一氣之變。

歌訣（十六）

天然精術怕三穿，偏門中門都能變。

外爬裡摘連環穿，起手就有不費難。

解說：八卦的穿掌用法簡便實用，伸手就向面部鑽，飛叉戳目有點毒，火到金化把手翻，掌心沖著鼻口乾。偏門扒手定橫線，隨勁上挑玉女穿。中門穿手迎面門，猝不及防掌手雷。摘撞掌，踏心掌，藏身矮骸人難擋。

歌訣（十七）

掌使一面不爲功，至少仍須兩面攻，
一橫一直三角手，使人如在我懷中。

解說：「掌使一面不為功，至少仍須兩面攻」，講的是用掌要有陰陽變化，掌有內蓋外撩、回掛前切之用。學會陰陽掌，打人不用想，此意不止兩面也。一橫一直三角手，使人如在我懷中，是進中門裡蓋、上撩用掌背擊對方面部。所謂三角手為手心下蓋，手背上翻，一手動兩角，肘部為一個定角。三角手實際是肘手連環相變，封手、擊面、頂心肘是也。

歌訣（十八）

接手不論短與長，斜身繞步不用忙，
斜翻倒翻動中縮，縮到極處力要剛。

解說：八卦掌的接手是在動轉中，本身就是用步化使之落空法。八卦用的是斜身圓轉法，斜身繞步裹顧轉，引到極處勁蓄滿，舒展剛力敵自翻。

歌訣（十九）

人道掌法勝在剛，郭老曾言柔內藏，
硬打直進功法強，剛柔相濟是所長。

解說：「人道掌法勝在剛」，郭雲深先師善長固徵其異、以剛取勝。當年八卦掌宗師董海川先生與形意拳大師郭雲深先生，在北京交手數回合，郭用剛勁找不見走轉的董公之身。三回合後董公化圓為方，以掌為拳上穿下按，

郭公應接不暇，並抱拳說：形意八卦拳法同然同然。從此形意、八卦合為一家，形意拳以往返進退伸縮直攻近取為法，八卦以走圓拉㳠制中為術，二者結合互補之。郭雲深先師明訓，用掌時要柔勁內藏，剛柔相濟為極致。

歌訣（二十）

> 剛在先兮柔後藏，柔在先兮剛後張，
> 他人之柔腰與手，我則吸腰步穩揚。

解說：剛在先固徵其異，柔在後尤寄其妙。外功拳柔腰擺臀，能閃化躲閉，但不能化中縮勁，化中有打。形意八卦吸腰拔背蓄而後發，動中縮勁，化發一體。

歌訣（二十一）

> 用到極處須轉身，脫身化影不留痕，
> 如何變換全在步，出入進退腰先伸。

解說：發力後、手臂展開後均為用到極處。用進法須合膝跟步，動中縮勁力又蓄。用化法須轉身倒步轉走，是用圓逢凶化吉。都是「寧在一思進，莫在一思存」之用。出入進退腰先伸，靈活在步，動步以腰為龍頭，雙手為羽翼助力，猶如拔地而飛，這就是形意八卦動作如飛之功。

歌訣（二十二）

> 轉掌之時頸骨轉，轉項扭項手當先，
> 變時縮頸發時伸，猶如神龍首尾連。

解說：八卦雖是斜身法走轉，但身斜中心要正，要守中用中不離中、鼻定中線、脖頸擰轉對中心是標準。手為梢

節必先動，回環穿掌時背要拔、手要長，屈膝墜臀身骸縮。

歌訣（二十三）

打人憑手膀爲根，膀在肩端不會伸，

故欲進時進前步，若進後步枉勞神。

解說：打人的是手部，但肘為中節隨勁走，膀為根節向前催。拔背催膀，膀前伸微而有度，故動前足用寸步，若進後步過前足雖是進，但後足蹬力走空而無摧力。這就是形意、八卦拳特別強調用寸踐步攻敵，不鑽不翻以寸為先之理由。

歌訣（二十四）

力足發自筋與骨，骨中出硬柔筋隨，

足跟大筋通背脊，出手跟步力能催。

解說：筋骨用力分陰陽，筋為陰骨為陽。骨硬筋活是剛中柔，筋柔活而速變堅骨之力為柔中之剛。「足跟大筋通背脊，出手跟步力能催」，講明足跟大筋通背脊，後足跟進有玄機，丹田帶動脊（脊為龍骨）骨行，跟步縮勁反覆用，伸極回肘進合膝。腳到身擁全力法，就是後足催力法。

歌訣（二十五）

足到手到腰腿到，心眞意眞力又眞，

三眞四到合一處，防己有餘能制人。

解說：「足到手到腰腿到」，講的是動手時先求外三合之法，外三合第一步是手與足合，第二步是肘與膝合，第三步是肩與胯合。手腳相合是大圈，肘膝相合是銼切

圈，肩胯相合是擰身圈。身體有三節四梢，手足六合有三圈之論。外圈迎接對錯，中圈架搠鍘切，身圈擰身螺旋發力。上下合是標準，左右合是勁術。關於腰腿之論，就是丹田之論，腳到手到丹田到，丹田之動就是前凸後打，前丹田打後丹田命門。心真意真力又真，是講用心意的內三合，即心與意合，意與氣合，氣與力合。以上的三真四到合一處，才能做到防己有餘，制人而不受制於人。

歌訣（二十六）

力要剛兮更要柔，剛柔偏重功難收，
過剛必折真物理，憂柔太過等於休。

解說：拳講剛柔宜相濟，有剛有柔方能做到變通無滯。「一陰九陽跟頭棍」，與人交手容易跌倒；「一陽九陰是軟手」，交手必被人所欺。

歌訣（二十七）

剛柔相濟是何言，剛柔相輔總無難，
剛柔當用乾坤手，掀天揭地海波瀾。

解說：頭部腦門處為乾為陽，下頷骨處為坤為陰，用手掌正按腦門處，使之後仰能吊對方之氣而拔根。出手「刀銼鈎叉鉗」圍著腦袋轉，伸手把脖切，隨勢把勁變。掀天揭地海波瀾，比喻用螺旋力將對方向後揭掀而倒。乾坤指陰陽而論，「學會陰陽掌，打人不用想」即是此意。

歌訣（二十八）

人剛我柔是正方，我剛人柔法亦良，

剛柔相遇腰身強，用步走轉更周詳。

解說：人剛我柔是陰陽變化的正確方法，我遇剛時用走法使之落空，人柔時我覺輕莫停就進。剛柔相遇靠身法虛實變化勝敵。八卦的步法走轉本身就是圓轉落空法。

歌訣（二十九）

步法動時腰先提，收縮合宜顯神奇，
足欲動兮腰不動，踉蹌邁去誤時機。

解說：腰是腰身，打人定要先上身，手腳齊到方為真，膝起望懷，足起望膝，進合膝沾身縱力。收縮合宜是動中縮勁，上引下進，引到身前勁已蓄，開合吞凸顯神奇。「足欲動兮腰不動，踉蹌邁去誤時機」，是手出圈勉強打人，重心不穩動身上步，有為人所制之患。「心不出圈心則安，手不出圈則自保」，動手要動步進身，身圈有物則動，無物則蓄而待機而動。

歌訣（三十）

轉身變法步莫長，擦地而行莫要慌，
看準來路方伸手，巧女紉針穩柔剛。

解說：「轉身變法步莫長」，是指返身顧後不能邁大步，要擦地而行。看準接手時機，待圈內有手再動。「巧女紉針穩柔剛」，是用八卦的摘撞掌，回環護肩掌，窄身疊步，藏肩裹肘，有點出手用迎面掌，如巧女紉針一樣準確。

歌訣（三十一）

人持利器我不忙，飛箭快步到身旁，

看準來路哼哈避，邪不勝正語頗良。

解說：對方無論使用何種器械，都是手臂的延長，要有定力，千萬不能慌亂。用眼神盯住對方，只要對方向我進擊入圈，我就用窄身疊步，脫身換影進到其側面，使對方利器之尖刃偏我中路，隨即托肘制根緊逼住對方的身體施術。

歌訣（三十二）

短兵相接似難防，哪怕鋒利似魚腸，
伸手來接囊中物，指山打磨妙中藏。

解說：對方如果持利器尖刀，首先要做到鎮定不慌，所謂「兵來將擋，水來土掩」。「指山」是用虛手指其雙目，對方必用利器來迎，我則利用這一時機，窄身疊步速變邊門側進，用回環磨轉之手顧打齊出，擊其要害。

歌訣（三十三）

人眾我寡力難擋，巧破千鈞莫要忙，
一手不勞憑指力，犁牛也怕反弓張。

解說：練精八卦掌之人，掌指之功比較堅硬，掌指的攻擊目標是五官要害，可謂「一手不勞憑指力」。「犁牛也怕反弓張」，是指八卦的發力。一身備五弓指的是練樁功渾元爭力法。反弓張是沉身發寸剛力，前丹凸吸虛縮，全身猶如斷弦之反弓。

歌訣（三十四）

伸手不見前掌伸，又無油燈照彼身，

收縮眼皮努晴看，底盤掌使顯神奇。

解說：「伸手不見前掌伸，又無油燈照彼身」，是指在漆黑的夜裡，要睜大眼睛提起警覺之神，做到一有觸覺即能發力。「底盤掌使」指的是用鎦肩焊肘裹其頭面，用葉底藏花掌打出。

歌訣（三十五）

冰天雪地雨泥濘，出步橫腳防滑行，
翻身不用旋轉力，上下裹顧才得力。

解說：指的是與人交手時，若地上光滑，出腳要扣步橫足防滑。翻身時要減少旋轉力防摔，用身體的上下起落法裹顧，不要用脫身換影法，盡量少動步法防滑倒。

歌訣（三十六）

練的就是精氣神，精神煥發耳目真，
任他用的飛劍手，蟻鳴我聽如龍吟。

解說：形意八卦練精化氣，練氣化神，練神還虛，練功就是練出精氣神。有功者耳聰目明，對方出手，我能觀其動，入圈接手猶如囊中取物；對方聲音雖小，我也能察覺，做到有備無患。

八、董海川《八卦掌功法歌訣》解說

（一）身法：手法步法要相隨，手到步落力必微，手腳俱到腰欠力。

解說：手到後步才落發出的力必然不大，手到腳不到

力不真，腳到手不到藝不真，腳手齊到方為真，不齊到則沒有六合的上下對錯之力。腰身不到屬於打人出圈，不但力不整，而且也違反「心不出圈則心安，手不出圈則自顧」的原則。

（二）觀相法：對禦群敵相為先，未曾進步退當然，退步審勢要變化，以逸待勞四兩牽。

解說：「相」的意思是觀看。身站空間圈邊緣，對方進我則退，使對方不著力落空，這就是「未曾進步退當然」。退後步回前步，前後連環步，退中有進。對方進等於我進，一旦進到我圈內身前時，勁縮而有蓄，有機則發。

（三）跟步法：未曾上身先動根，手快不如半不跟，出入進退只半步，制手避招意逼人。

解說：步不空上，也不空退，要在空間圈邊緣上求生存。手快不如半步跟，跟步是動中縮勁法，不跟步則陰陽虛實不分，有開無縮。交手要入圈搶位，居中而制外，居近而制遠。前腳進後腳跟，如馬奔虎踐，往復進退無窮。「教拳不教步，教步打師父」，能跟半步者，制手封招神意逼人。

（四）變手法：功夫本從圓中來，兩手變化隨步開，高挑低按橫掩避，推托帶領不離懷。

解說：少林拳的滾進滾出，形意拳的起落鑽翻，太極拳的順逆旋轉，八卦拳的走轉撑翻，跤術的正反拉涮耍圈抖圓，無一不是從圓轉中變化練功，都是在陰陽變化這個圓轉載體之上「仿道之理，統拳之變」。兩手左右陰陽回環變化，隨步法而變化。無步法不能發生位移，無位移就不能出圈進圈，陰陽離訣不能交手制敵。手有撥轉吸拉之

能，步有行程套插之功。高則挑，低則按，窄身疊步，藏肩掩肘裏鑽橫開，推托帶領在懷中磨轉變化無窮。

（五）接手法：搭手不採是空手，有手不出也是無，裏穿外蓋捌法變，單手雙手用不敗。

解說：有手不採不捋是空手，空走瞎轉費功夫；有手該出時，不出也是空手。裏外蓋手加穿手，單換摘撞是好手，雙手磨轉倒接是變手，隨勁捌變是妙手。迎前打後夾心手，來回發力吞凸手，正反拉涮勾挫手。可謂「拉涮吻背槓別挑，撞砍抹踢勾揀抱」隨勢而變。

（六）引手法：偏重則隨雙重滯，外硬裏軟拈槍勢，橫推裏勾身有主，引化吸拉腰腹進。

解說：無論接手還是引手，出手要有陰陽面，處處要虛實分明，這就是「偏重則隨雙重滯」。「外硬裏軟拈槍勢」，如撐六合大槍時其圈化勁力是外硬為陽，裏軟為陰，「你用扎，我用拉引也，動中已縮勁，你一回，我就扎」。無陽勁不能抵禦外力，無陰勁則變化不靈。橫腿要硬，伸腿巧勾時要快要活。

引化也是一樣，外捌力過大，引彼之力便不能入自己之圈，只是不挨打而已，但也打不了人。不能「引到身前勁已蓄」，動中縮勁就無法實現。關於引進法，要遠取諸物，近取諸身，取獅、虎、豹等猛獸搏殺技巧之精義，避其鋒芒跨邊門、走死角，取對方要害。

（七）用力法：發力有開無合箭離弦，力著他身根已斷，如無蓄力彼安然，近合膝沖前步，拔背坐尾縱前去，長腰長膀虎撲力。

解說：是說發力如無後蓄之力，猶如強弩之末，蜻蜓

點水。其力打到對方身上時，對方還能復位站穩安然無事。發力進步，要進合膝步緊跟，動中縮勁又逼身。拔背坐尾縱前去，長腰長膀虎撲力。進圈貼身窩裡炸，用五訣之意，縮長二字一命亡。

（八）決勝法：彼力千鈞快如梭，避強用順快不挪，盼顧中定不空發，人多只有三五近，稍微顧打不留情。高低隨勢上下打，斜打胖兮身不搖，身高瘦長要捋帶，年邁無功上下瞧。

解說：遇力大速度快者，要用順不用強，避其鋒芒不要來回挪動，內動外不動，看準入圈不空發。若遇人多時不要怕，能出手打者不過三五個人。對入圈內者，高者向上打，低者向下打，胖子斜劈打，高個要捋他。遇年邁無攻者，要看住自己的上下要害。

（九）破拿法：多好拿法莫誇技，兩手拿一力固奇，任它神拿怕過頂，穿喉刺目勢難避。

解說：武術中的抓、拿、踢、打、摔法中，引化拿發，巧拿不如笨打，再好的拿法也不值得誇耀。被對方拿死後好像很出奇，其實八卦的破解法很簡單，就是把被拿的手臂向自己的頭上舉起，使對方不得用力，上舉的同時用另一手去穿刺對方的面部要害處。

（十）接單制雙法：莫說兩手仗堅兵，一來一往是其能，閉住右手左無用，閉住左手右偏中，雙手都來更無功。

解說：形意、八卦拳的交手不給對方正面，要走邊門跨死角，制其一手，對方另一手便不能守中用中。閉住對方右手時，對方左手便無用處，閉住對方左手時，對方右手就已經偏中，對方出雙手時被沾制住就更被動。

（十一）指山打磨法：他人來手我不然，側身還擊彼自還，他若還時我入手，他若封時三連手。

解說：指山打磨法也是指豎打橫法，橫為圓屬土，打磨為橫圓。「山」是指面部的鼻子和眼睛，指山是用十字手劈拳，力劈反爆掌而見跤。對方來手時不慌不忙走三點步接手制肘，然後側身倒手還擊對方面部。對方若出手還擊，我則倒手領偏三換掌橫劈。

（十二）脫身化影法：他不來時我叫來，他要來時我化開，不須手避憑身法，窄身疊步兩胯哉。

解說：脫身化影法，是八卦走轉變化在步法上的基本功，用抽撤三角步上左進右，上右進左。交手時，對方若不進圈，我則用吸拉法使其不得不來，對方要來時我則化開，進中走邊藏身避，不須手避憑身法。窄身疊步兩胯哉，是裏臀開胯，蓄而後發；是起手鷹空抓四平，足下存身，兩胯兩肘嚴裏顧，動中能把勁力縮，守中用中打要害。

（十三）護肩掌轉身法：伸手要小步要大，開步轉身磨身抓，扣擺落步蹲身轉，他要來手用鷹抓。

解說：八卦掌、形意拳的轉身用護肩掌裏顧，是「避住五行永無凶」方法之用。形意拳的身法特點是熊膀，所謂熊膀指的是不止沉肩墜肘，還要在動中藏肩裏肘，窄身疊步、脫身化影。轉身時伸手要小步要大，扣擺落步蹲身轉，對方要來手時用鷹抓。身後不管是否有手來打，用護肩掌轉身能做到不顧而自顧，後已成前顧打都方便。

（十四）磕砸劈撞法：以磕還磕後手沾，捌勁倒手向前鑽，劈來疊肘回環避，撞來磨身手搖圈。

解說：形意拳是截手炮的用法，八卦掌是用前手磕後

手穿，移花接木沾手變，單換雙換捯螺旋。劈來疊肘回環避，撞來磨身手搖圈，指的是對方劈來時我用單手換掌走回環，向我撞來時用手接沾住，再全身一搖轉使對方落空。

（十五）接器法：長短單雙器固精，最終不如兩手靈，鐵掌練來兵一樣，肉手偏我不傷中。

解說：用兩手使對方利器偏我中線之法，全在兩手配合身法，左右磨身守中用中不離中的變化。見器先從眼上亂，定力有功心坦然。有手就是一掌穿，對準鼻梁連環使。跨步制人走兩邊，見開防合不外傳。封避裹顧護身招，不到要時不伸手，伸手就要發手還。躲避不出尺步外，開門就打不繞遠。

（十六）扭身法：人來制我已貼身，此時手腳不贏人，左右轉身用扭法，化險為夷把人擒。

解說：「人來制我已貼身，此時手腳不贏人」，是講對方緊逼貼身時，用手腳的梢節已不能贏人，要用身法來吻靠擰扭對方使摔法。

（十七）跨步側身法：穿梭直入勢難停，先法制人顯它能，若遇比手接連退，不如跨步側身靈。舉手招封勢所難，蹲步沉身縮就力，手長身縮動中縮勁，吞吐開合隨意變。

解說：「穿梭直入勢難停，先法制人顯它能」，是講對方正進直攻，先法制人，我不能連續退步，要側身跨步走兩儀。「舉手招封勢所難，蹲步沉身縮就力，手長身縮動中縮勁，吞吐開合隨意變」，是講對方進我上三路，我高舉手搠架難以變化時，應用蹲步沉身縮蓄走化，手長身縮動中合勁而發。

第五章
拳道上乘化境之功歸禪宗之極軌論說

一、拳道武德修行論

大學之道，在於明德。人無品格行之不遠，書無品格無從下筆，拳無宗法則舉止不雅，藝術乃心靈感通之物。所謂真善美，真誠乃第一步，繼之可創造美，美之極方為善而步入化境，化境乃道德教化之境。

拳術雖曰武，但實為智勇順成的貴和之術。拳術的功法必須符合《黃帝內經》所說的「提挈天地，把握陰陽，呼吸精氣，肌肉若一，天地人渾然一體」的要求。恬淡虛無，真氣從之，精神內守，以清靜無為為本，積精養元為根，德全不危。

拳術得到師傳的宗法就好像是一粒純美的種子，個人的文修武練、武德的修養好比是陽光雨露，修行得當可枝葉繁茂，四季常青不衰，否則會中途夭折遭厄運之災，反不如不練為佳。

拳道的上乘化境，主要是修悟世界觀的正見能力，是

智慧的開悟，能用哲學的觀點自我解脫艱難困苦，將好勇鬥狠的血光之災化於無形之中。

前文曾提到從歷史上看武術，一些名匠巨手大多出於佛門聖地。達摩祖師傳經說法以來，要求身心悲智雙修。後來一些名匠巨手、江湖藝人專門練習武功，操練一些傷人害命的絕技，以衛人自衛為口頭禪，練時出手投足心懷格鬥廝殺之念，與達摩祖師的初衷大相逕庭。

拳術和禪道之學是分極而合，合極而分，最終歸禪學之極軌。禪學是道德教化之境，是人教化人的終極關懷之學。人要做到自我關懷，天人相應，適者生存，有「己和」之心態，自我解脫煩惱痛苦，非靜心修悟不可。

拳術鍛鍊的優越性，在於其人體力學的科學性符合天地之間博大精深開合之理的自然性和娛樂健身性，是我們陶冶情操的高尚追求。

習武之人如果缺少修行而粗鄙不文，以會技擊功夫自居，出口蠻橫無理而言不合道，驕矜之心常存，不博覽經書，內心世界不開闊，遇事缺少思考謙讓，常以血氣方剛用事，久則必遭天譴。

須知柔弱是立身之本，剛強是殺身之禍。故內典五戒（不妄語、不殺生、不偷盜、不邪淫、不飲酒）首在不打誑語，忍辱戒妄為技擊家所貴。沉靜專修，誠為斯術之金科玉律。

拳術站樁練功講與天地同體，無我無像，心平氣和默念六字真言，悲智身心雙修，用正見之心，將人間一切逆心忤耳橫虐之事，俱視為炎火業中之清涼妙劑。如是解脫一生受益無窮，此所謂孽海茫茫獲寶筏而安度彼岸（覺悟

的聖人把能解脫的那面叫彼岸，把凡夫的煩惱、爭名奪利、無明暗昧的世界叫此岸）。

人為萬物的尺度，這個尺度就是我們的心。拳術的剛柔勁之功，是練筋骨強肌體，而化境之功是修心養性致善增定力。萬事萬物存乎一心，心靈的健康正見開悟，身體的機能良好，財富能以利利人，是道德教化之境的基本要求。

不能以我為中心，喜歡的就起貪心，可能造成盜殺淫妄的惡業；不喜歡的就產生嗔恨心，也會造成盜殺淫妄的惡業。不能期望一切都是實在的，永恆不變的，見到無常的變化時，就痛苦萬分。

其實，世界上的一切都是無常變化的。人有生老病死，朋友之間有聚有散，家庭有悲歡離合，我們的心有喜怒哀樂，海水有潮起潮落，草木有榮有枯，月亮有圓有缺。如果我們的心認識到這是正常的，心靈深處的痛苦就會小些，就能解脫愚痴的痛苦。「天下本無事，庸人自擾之」即是此意。修行的層次越高，其慾望越淡泊；修行的層次越低，其慾望就越強烈。

衡量一個人拳道修行的高低，看看這個人慾望的強弱即可。修行的慾望絕不是一種消極的等待，正如趙州柏林禪寺主持淨慧法師講的：「要用禪宗佛法來修悟開發自己的智慧，淨化自己的心靈，提升自己的人格，解決人生中存在的各種困惑、煩惱和心理障礙，從而使我們的精神生活更充實，物質生活更高雅，道德生活更圓滿，感情生活更純潔，人際關係更和諧，社會生活更詳和。」悟道修禪，要立足於現實生活，本著「在盡職中求滿足，在義務

中求心安，在奉獻中求幸福，在無我中求進取，在生活中透禪機，在保任中證解脫」。

由修心悟性致善，自覺地發揮本心的功用，熱心腸助人利人，令善業功德、福智資糧、菩提之苗不斷出生，日日增長，使自己的生命之樹因佛法功德的潤澤滋養而永葆生機，以開放的智慧之花，結出菩提之果。

二、定力在拳學中的功用

妙興大師曰：「技擊之道，尚德不尚力，重守不重攻。」蓋德化則心感，力挾則意遠。守乃生機，攻乃死機。彼攻我守，則我之心閑氣斂，精神勇力安適寧靜，任人攻之無所患也。攻我者怒氣上湧，六神暴跳，神輕氣散，而力不能聚，我則以鎮靜定力待之，不須與之攻殺，片時即敗矣。故練功習技者，宜先知遇事要有定力，然後可以有成。

拳械與功夫猶火也，善用之固足以生人，若不善用，亦足殺人，可謂用火不慎將自焚。故練功習技首在修德性養定力，心安氣行暢疏無阻，氣沛則神完，神完則力足，力足則百體舒泰，筋骨強健，心靈手巧。

至此利慾不能侵，榮辱不能動，威武不能屈，風雨寒暑不能蝕，一切邪魔不能賊，能修此境之「定力」方為上乘化境所得也。

養氣之法要明生死，洞虛幻，悟真假，澄心志，遠思慮，少情慾，摒嗜好，戒暴怒，如斯而已。練拳道技擊要深體佛門慈悲之懷，縱然功夫精嫻，只可藏器以身備而自

衛，切戒逞意氣之私，有好勇鬥狠之舉，終反以功夫殺其身，故諄諄相戒，勉自韜晦，以免引火自焚之禍，此是得練功習技之真言，強身健體，同證善果。

老子曰：「人神好清而心擾之，人心好靜而欲牽之，若能遣其欲而心自靜，澄其心而神自清，自然六慾不生三毒消滅。」此是道家之言，若能知而修行，則心靜神清，一切好勇鬥狠之事，皆可免除。強身保命之本旨，庶乎可達。

練功習技之人，與學道修禪相似，皆以強身健體保命為宗旨，對精、氣、神三者善自保之，三者傷其一，則全部被其牽動，所謂一葉落而知秋也。精能生氣，氣能生神，營衛一身，莫大於此。

養生之士，先保其精，精足氣壯，氣壯則神旺，神旺則身健，身健則少病，功之深者有「定力」者，能以靜制動，以清制濁，不顯於人變化於無形之中。

遇一切外魔挫辱，淡然怡然，不介於意，任人笑罵嘲激，而我無動於心，神智專一，以守我真，如此則六欲不能入，三毒不生，神清心靜，其「定力」之功為能，而達爐火純青之境，以證養生保命之盟。此聖人所謂大智若愚、大勇若怯、大方無隅是也。

三、正見的修悟

如實見也叫正見。所謂正見，就是正確認識宇宙、認識世界、認識人生。哲學是關於世界觀的學說，哲學和禪學都是終極關懷之學。禪學的不可發揮性是區別於其他科

學的一大特點。正見認為，任何事物都是不會常恆不變的，成、住、壞、空，本來就是很正常的。但我們希望和期盼好的事物是永恆不變的，這正是我們的愚痴所在。

其實世界上的一切都是無常變化的，天生天殺，恩害相生。人有生老病死，朋友之間有聚有散，家庭有悲歡離合，我們的心有喜怒哀樂，海水有潮起潮落，草木有榮有枯，月亮有圓有缺，如果我們的心有正見，認識到這是正常的，心靈深處的痛苦就會小些，就能解脫愚痴的痛苦。

當名譽和利益當頭的時候，我明白是哪種善緣的相聚，而這種善緣的相聚是沒有恆定性的，它必定是要隨時間而過去的，因此，我們的心就不會為它所動而得意忘形。當我處在生命的低谷時，被別人謾罵、不被人理解、感到痛苦失意時，要明白這是某種逆緣的相聚，它必定也會隨時間而過去的，暗示提醒自己，要保持一種平常心等待。要明白我不能夠左右這個社會，也不能左右別人，只能從自我做起，用堅強的忍耐心，難忍而能忍，難做而能做，災難和痛苦自然會成為過去。

美其食，樂其俗，高不相慕。如果我們僅僅看到了人與人之間的差異時，我們就增加煩惱，當我們認識到人與人之間的同一性時，就會產生理解。

我們要學會「自他相換」的方法，站在他人的角度來看我們自己，領悟到他人與我們的同一性。你吃山珍海味，在心裡倒不如我吃家常便飯快活舒服；你再有錢進行所謂的高消費娛樂，倒不如我一家團圓其樂融融；你開寶馬奔馳汽車，反不如我騎自行車享受鍛鍊感到快活，這不是一種消極的等待和安於貧困落後，而是在盡力中求滿

足。這就是心理的健康，高不相慕則心安。

四、定力的修練

定力的體現是好比泰山倒於我之左側，大海傾於我之右側，我巍然不動。拳術定力的培養修練主要是站樁，進入道德化境之後就打坐練靜功修定力，這就是拳術的禪宗之極軌。定力的修練要求處驚不亂，臨危不懼，這在技擊當中很重要。能以靜制動，後發先至非有定力不可。

禪學講能解脫生死，達到「無我」之境。無我就是不要把自己太當回事兒，我就是一個肉皮囊而已。光說一個無我比較抽象難懂，可以舉一個反證例子。

普通人不修練定力，遇事遭到批評或發生口角爭執時，聽了順耳的話就心安理得喜形於色，聽了逆耳的話則心煩氣躁，甚者大動干戈，引起血光之災。我們可以靜心想一想，別人不用拳腳刀槍，不費力氣，只用一句話就能打動傷害你的心，使你失去理智而妄動，對心無有定力的保護，引起不良的後果，可謂無定力城府太淺，難勝重任成不了大事。

定力修練較高時，心猶如形成無形的保護層，不但不會被流言蜚語所傷，而且即使刀槍在面前，也能沉著不亂。定力的修練應用很廣，衛人自衛，懲惡揚善。

臨場發揮時，如沒有定力，遇敵就心慌意亂，怒氣上攻，怯敵妄動。身前空間圈，手腳六合圈，無法用心意去觀察控制，無我無象更談不上，別人出手還不入圈時，自己先出手亂動而不能自顧，不但不能把握時機，而且還可

能出手無準為人所制。

定力修練的體現，無論是形意拳、八卦掌，還是太極拳，秘不授人之真傳，都是修心煉心，都講以心行氣，務令沉著。形意拳也叫心意六合拳，心意的修練雖是用意使技擊，但技擊打人屬凶險之事，出手為禍，縮手為福，只是萬不得已自衛而用。

藝高人膽大是定力所為，膽量抱身，臨變則變，先向內引再向外發，對方落空而我已縮勁，蓄而後發，擊無不中。功夫上身後，出手心狠手毒，如不歸禪宗修悟忍讓慈悲之心，其後果不堪設想。

如果修行至「無我」的高境界時，不但不與人發生爭執，而且一切血光之災將化於無形之中。無我的忍讓定力，也是禪學的善行智慧之學所致，不為一些小事所動，本身就是高妙的落空法，一切是是非非都將化空而去。

五、精進的修練

習武練拳之人，如果粗鄙不文，不加精進修練，最終只是武夫莽漢。拳術是智勇順成的貴和之術，非常人之所謂，文修武練不斷精進，終歸禪宗之極軌。禪宗佛學不是消極等待，也不是念咒語講玄虛，挾神弄鬼之作。它要求心底虔誠坦蕩，積極精進，勇於奉獻人類社會。

正如淨慧法師所云：「在盡職中求滿足，在義務中求心安，在奉獻中求幸福，在無我中求進取，在生活中透禪機，在保任中證解脫。」一個有禪學修養精進的人，不是用消極的態度，念說幾句禪學口頭禪，思想上怕吃苦受

累，工作上不求進取，懶惰昏庸無能，無所作為，實與禪學大相悖逆。禪學強調「一日不做，一日不食」。一定要在社會中找到一個自己應處的位置，並在這個位置上勤懇敬業，做出應有的貢獻。

衡量一個人精進的標準，就是所從事的勞動技能的不可代替性的程度。不可替代程度越高，在社會中的地位就越高，對社會的貢獻也越大，精進的智慧修行就越好，相應的物質也越充裕。

禪學佛道要人離苦得樂，提高社會物質文明生活水準，其中也包括擺脫貧困之苦，只有安頓好物化生命所需，才能安身立道。如果衣不蔽體，食不裹腹，拿什麼來布施眾生；沒有千萬間寧靜的佛剎道場，佛法也無法安立於世間，受到眾生的虔誠信仰，這充分肯定了物質文明的重要性。

作為一個人要力求精進，要養成不斷鑽研學習精進、終身學習的好品格。禪學的打坐靜悟、學習念經、燒香拜佛等信仰形式多樣，這好像是我們虔誠的心得到禪學智慧的一粒種子，用心去修行。心善則善做，心惡則惡行，心即佛，佛即心是也。

三世因果經講：「要知前世如何，今世受者是；要問後世如何，今世做者是。」這說法好像無法證實，但用科學現實的正見觀點去看，擇其善者而從之，其不善者而改之，我們可以信而不迷，信它對人真、善、美心靈道德教化的良好作用，提高人的理智自律性，有益於提高和改善社會風氣的良好效果，這是用其他方法所無可比擬的。強調個人的良好修行，這好比是種子遇上陽光雨露的澤潤，

才能開花結果受益無窮。

　　個人在平時的修行是關鍵，不能遠離生活，用禪學的慈心善作，時時處處關注自己。做事要利國利民，工作上要精進向上，政績善報不是求出來的，而是個人不畏艱難困苦、勤奮努力精進修行的結果。正所謂是「不得一番寒徹骨，怎得梅花撲鼻香」。

第六章
拳道摔法經譜論說

一、拳跤術十三太保功法論說

　　未習拳跤先站椿，拳由椿法來。椿功是中國拳跤術的基本功，得椿功上乘者可使「體整如鑄，身如灌鉛，肌肉若一，毛髮如戟」，不動如山岳，身動如游龍，行走如蹚泥，用意鋒棱起，腰脊拔背板似牛。

　　中國拳跤術種類繁多，但其站椿的基本功大同小異，不外乎提挈天地，把握陰陽，呼吸精氣，獨立守神，肌肉若一，五蘊皆空，天地同體，無我無象，練呼吸歸丹田，強基固本。是易筋骨、利手足、伐毛洗髓，改變人之氣質之法道。

　　「百練不如一站」，此處的「站」就是站椿之功，萬法出於「三體式」椿法。初步練法以騎馬椿、夾馬椿（也叫三元式、渾元椿、三停禧）為始，用聽息法，數息法，拳經默念法，少林叫裝桶子功，形意拳、八卦掌、太極拳為三盤落地功法，名異而實同。在有一定基礎後，再站技

擊樁法，形意拳、八卦掌、太極拳均是三體式要領，少林拳叫子午樁，形意拳、八卦掌叫三體式，太極拳叫五行樁。樁法的名稱不一，但樁法易骨之功效和呼吸要領完全相同，都是以久站不覺痛苦為有功的標準，最終達到站樁是練功中的休息和休息中的練功的境界。

拳無跤藝不高，跤無拳藝不全，拳加跤武藝高。岳武穆王的「脫槍為拳，一體為功」的意拳經譜至今經典無比，變化無窮的「子午樁法雙推掌陰陽回環手」演變成少林嫡系所推崇的岳氏連拳，也稱岳家散手、岳氏八翻手，是集拳術手法之根本。

戚繼光的《紀效新書》中「拳經捷要論說」及「三十二勢」是中華民族幾千年武學成就之匯總。後被形意拳、八卦掌、太極拳吸取採納發展應用。戚繼光三十二勢集抓、拿、踢、打、摔為一體，其實質是過膝不拿，引化拿發，打摔一勢的「撕崩捅」，上捋下插，下勾上發，拉涮拋打耍圈抖圓走螺旋，是拳法合人體力學之法。

拳講「抓拿踢打摔」，各拳均備無可非議而論，但講摔法卻不及跤術「撕崩捅」之專精，有「三年拳贏不了當年跤」之論，確實真實不虛。

清代末期，保定府有外號「天下第一人」之稱的平敬一武術大師（平敬一大師傳授的快跤第三代傳人中，以南京國術館武術教官常東升〔外號花蝴蝶〕、閻善義、馬文奎、楊瑞亭為最。楊瑞亭敬稱「楊八爺」，在石家莊傳人甚多，得其跤術精髓者以李蘭田老師為最），在北京邀集全國各地武林高手，研討交流後把拳跤術的通用功法精華匯總成「拳跤術十三太保及二十四勢」。拳跤術使用的

「吻別槓拉挑，撞砍磨踢抱」，快跤術十大法，是清代集中華民族武學之精華的瑰寶，也是繼宋代岳穆王拳經拳法，明代戚繼光《紀效新書》之後的實用經典總結。

拳跤術十三太保的功法名稱是：三停褶，合臥褶，魁星褶，霸王作揖，犀牛望月，倒望天河，枯樹盤根，仙人照影，夜叉探海，李逵磨斧，鈍鐮割穀，鐵牛耕地，旱地拔蔥。

堅持用十三太保功法練功，無論是習形意、八卦、太極拳，還是習少林拳及跤術，均能站樁行氣，練呼吸歸丹田之功。應用時周身能上下相顧，過膝不拿，引化拿發，上捋下插，下勾上發，十字找勁，螺旋抖發。手腳的勁向相反，勁力旋轉相合，可謂「擊首則尾應，擊尾則首應，擊中則首尾相應」。

二、拳跤術演空二十四勢論說

拳跤術除有十三太保功法外，還有二十四勢演空，它是中國拳跤功法中實用有效與健身作用為一體的珍貴功法。其根本是：「講陰陽仿道變，強基固本歸丹田，氣充血融壯筋骨；防卻疾病利手足，耍圈抖圓力學術。」錯吻合法，過膝不拿近身法，引化拿發是勝法，巧破千斤是方法，力降十會是功法，「法本無法，無法即法，而法不破快是也」。形意拳正身法，八卦掌斜身法，太極拳轉身法，跤術用的是擰身法，正斜轉擰是一圈，耍圈抖圓走螺旋，人體力學巧而全。

拳跤術功法是把形意、八卦、太極、少林拳及跤術合

而為一，它的拳法內容是「吻別榗拉挑、撞砍磨踢抱」，為十法十勢。盤腿踢毽，踢樁腿，走矮步，邁車溝，晃腰，抓倒進退步，背步彈抖式，單雙掛手花磕，馬步開合撐踢勢，正反拉涮走轉步，翻身活步撐踢勢，麻花步，跳躍伸展勢，裡合外擺踢腿勢，共為二十四勢。

二十四勢是中國拳跤術功法的科學有效總結，是人體鍛鍊易骨、易筋、洗髓的有效手段，是練就一身龍虎之骨的有效方法，是中華民族數千年武學文化精選的珍貴拳法。除上述拳跤術外，還有劈槍、抖搶、擊棍、抖皮條、扔沙袋、耍槓鈴、拉滑車、耍棒子等。都是練呼吸、壯丹田、強基固本，易筋骨、利手足，用力學克敵制勝之道。

三、傳統拳跤譜附錄解說

（一）跤術十大法

摔法核心是「撕崩捅」挾剪之技，方法為拉、吻、榗、別、挑、撞、砍、磨、踢、抱，功法是「十三太保」。由十法能演變成大絆三千六，小絆賽牛毛。

（二）眼似流星手似箭，腰如盤蛇腳似鑽（俗稱鑽子腳）。背轉合開快如閃，打閃紉針快一般。

（三）眼觀六路，耳聽八方。觀其形，動其意。形可觀，意不可測。

（四）沾連黏隨，欺拿相橫。勁向相反、勁力相合勾錯力。隨勢打勁，捲裹纏撐崩。

（五）手似兩扇門，全憑腳贏人。前腳是門扇，後腳是門軸。

（六）頭為一身之主，有刁、搖、晃、碰、頂、撞之能，又有藏頭縮項、昂首豎項之功。

（七）腰為挨幫擠靠揉，胯為一撞、二入、三崩抖。拉吻要盤肘入手，藏頭縮項攔腰抱，拔腰蹲胯千斤墜，恨地無環，推不動，拉不動，橫推八匹馬，倒拽九頭牛。

（八）步法為抓倒進退拉涮步，提腿掏腿踢，盤彈撞儈踢，勾掛沾盤咬。

（九）身如滾桶能纏轉，手如鋼鈎抱扣沾，「長腰甩臉」對手翻。機小綿軟巧，大如鷹，小如猴。

（十）支點、力點、作用點，兩手纏裏擰轉為一點，用腳合力槓桿見。三隻手腳靈活用，準確掌握三個點。

（十一）手法為磕砍摞推捋，摁托裏外摳，單雙裏外蓋，拉頂擰涮制拉搓。

（十二）摔法要領為打、砸、摔、拿、撞，一摔兩開。

（十三）摔法標準為抽、打、射、摔、餅。

（十四）上手法為陰陽回環內、外纏手，藏頭縮項盤肘進手，藏頭縮項雲掌進手。

（十五）先下手為強，後下手遭殃，撂下你的看我的，「一毒、二狠、三要命，讓跤不讓手」。

（十六）摔法五怕為：小個怕拽，大個怕抱腰，胖子怕轉游，勾子怕騎，別子怕欺。

（十七）跤術把位：袖筒、脖領、袖筒支門、正反扣支門、二節夾臂、裏脖、繞臂扣肩、腰帶、底襟。

（十八）開法為：崩開、撐拉開、圈開、磕捅開、搓開、挭開、揉開、甩開、撕崩捅合開。

四、跤術開手方法三十字訣及論說

磕砍推捋摸，壓插咬合拉，扣支崩架捅，搓掛摑探甩，扒撐捌圈耘，抱刁按踢轉

磕：握拳屈臂由前向回磕掛，用拳為磕，用掌為掛。

砍：起手用拳掌，似用斧順勢撇劈砍剁。

推：推的用法很廣，單推掌、雙推掌虎撲，均為推撲之法。只對開手方法而言，用手張開虎口抓住對方手臂向上、向裡、向外推托。

捋：捋為陰陽回環鑽翻手的變手，起手為沾接為陽，翻手抓勾為捋，捋有單手捋、雙手捋，形意、八卦、太極拳和跤術捋的用法相同。

摸：摸的用法實際上是由軀幹向四肢八節摸摸抓拿，由根節向梢節摸摸。有捋的勁力，但用手摸摸時沒有陰陽變化。

壓：用手肘向下按壓對方胳臂，抓腕盤肘壓為拿。

插：用胳臂在對方臂下穿過，按在對方的肩上。

咬：用下巴向肩頭咬合對方前臂。

合：合是向裡圈拿對方肘臂，是為刁拿裹拉甩作引手。

拉：拉是接手、制肘、刁拉抱走的終端用法。拉的用法是抱裹滾轉拉甩，用單刁臂、雙刁臂轉擰甩拉。

扣：身有滾桶之功，手有沾扣壓固之能，單講一個扣字，就是將對方的手臂扣壓固定在自己的身上。

支：用手掌或拳將對方的身手支撐頂開，不讓對方進

身出手，使對方處於被動的地位。

崩：在拳跤術中，基本功法是撕崩捅，崩的用法主要是崩手、崩臂、崩腿。一扣二支三崩腿，一入二吻三崩胯。

架：架就是向上架開，架有手架、肘架、身肩架，架的目的是將對方身體拔根架起。

捅：捅是撕崩捅，一般配合架捅，崩手捅，捋手支捅，抄腿捅。

搓：搓就是拖手推挫，主要是搓開對方抓中帶之手。搓還用於抓手搓肘滾拿之用。左右為捋，上下為滾搓。

掛：掛指的是肘掛，向上用手為撩掛，用肘回掩為肘掛，橫肘為鍘。一肘回掛，一手前按發打。

攞：攞是攞挎抱拿，將對方胳臂抱在自己的身上，使對方處於被動地位。

揉：在攞抱的基礎之上，轉腰擰身、滾轉揉拿，有分筋錯骨之功。

甩：甩由圓轉離心力而產生，有內揉必有外甩，有左轉必反右轉。將對方胳臂抱挎固拿後，內揉外甩。

扒：扒是扒住自己的偏門回扒前撐，將對方抓我偏門之手打開。

撐：撐是撐開的意思，後扒前撐，前發後踏。

捌：捌是橫捌、捌膀撕開之意。

圈：圈是纏鑽圈拿，主要圈拿對方扒腰之臂，鑽擰裏圈甩開對方之手。

耘：耘就是圓轉橫耘，由圈手變為抓臂橫耘。

抱：抱是吻貼黏抱，抓手制肘抱臂扒脖、向回拉扯用

抱，常用的有單手抱，懷中抱月雙手抱，捆拿抱裹欺身搶位之法。

刁：刁就是刁拿，常用的有刁臂、捋臂、接臂，都是刁拿抱裹的用法。

按：按有推按、拉按之分，一手抓腕，另一手按拉，一手前按，一手回拍。

踢：踢在摔法中用法很廣，回拉前踢，外砍裡踢，裡砍外踢，手腳用力勁向相反，圓轉勁力相合，通過踢破壞對方腳下的力點，有上步踢、沖踢、彈踢等。

轉：轉是旋轉擰轉。鑽子腳擰轉，腰如盤蛇左右旋轉；蓋步背步轉，擰身崩胯，上下一條線，全憑左右轉；手有撥轉之能，陰陽回環手也是暗合旋轉之力。

第七章
拳道椿法與基本功圖說

一、椿法論

用騎馬椿（三停襠、兩儀頂）、夾馬式（臥合襠）、魁星襠（獨立式）、三體式（技擊渾元椿、內抱外頂如抱嬰兒）、子午椿（短馬椿），呼吸精氣，獨立守神，五蘊皆空，肌肉如一，天地同體，無我無象，無像覺明，覺明氣行，氣沉丹田。丹田氣充則神旺，氣盈則血融，血融則骨實，骨實則勁力入骨。中國拳跤術易骨、易筋、洗髓概不脫此類基本功，是「得其一而萬事畢，熔一金而鑄萬物之功法」。

拳跤術十三太保，是中華民族幾千年武學鍛鍊方法的精華結晶，是極其珍貴的民族瑰寶。它與八段錦、易筋經、洗髓經可相提並論，功法作用有異曲同工之妙。

強基固本、祛病延年的站椿行氣，易骨、易筋氣歸丹田，祛疾病、利手足、強筋壯骨之道，歷來均被所謂內家外家所倡導，名異而實同。人體四肢八節強筋骨，站椿行氣、強基固本、呼吸歸丹田之功，可謂是拳跤術萬法歸宗

的「不二法門」。

二、十三太保功法圖說

(一)霸王作揖

雙腳左右開立，距離約為本人一肩半寬，雙手手指交叉高舉頭上，並左右搖動向上托拔（圖7-1）。然後向前彎腰至雙手著地後，再向前上直身挺腰舉雙手（圖7-2）。反覆做9次收功。此功主要練習腰部的柔韌、靈活性，是吻背、下勢揀腿的基本功。

(二)倒望天河

雙腳左右開立，成馬步蹲襠式，雙手向上高舉（圖7-3），再向前彎腰，以雙手插入襠內，用手扒住兩腳腳後

圖 7-1

圖 7-2

圖 7-3

圖 7-4

圖 7-5

圖 7-6

跟，彎腰低頭，頭在襠內向後上方看（圖7-4）。

（三）犀牛望月

　　雙腳左右開立，先雙手合抱站三元式、渾元樁（也稱三停襠）。左手握拳屈臂，肘部放在左腿膝部上方；右手握拳屈臂，右拳置於頭右側太陽穴處；眼順右前臂向上看（圖7-5、圖7-6）。左右動作相同，方向相反。

圖 7-7　　　　　　　圖 7-8

圖 7-9　　　　　　　圖 7-10

(四) 枯樹盤根

　　雙手握拳抱於腰間，左腳前邁，橫擺於右腳前成丁字形步（圖7-7）。隨即右手變掌，用手掌背從耳後擦摩頭後部並向上直臂高舉，舉至盡時翻轉掌心朝上稍停片刻（圖7-8），再從左肩落下滑摸至右腳跟處（圖7-9），由左向右繞雙腳前向身體右前方摸轉（圖7-10），到右側時

圖7-11　　　　　　　　圖7-12

變抓掌為拳收於腰間回復成起勢。左右相同，方向相反。

（五）鈍鐮割穀

鈍鐮割穀運用拗身法。以左手握拳放於左腰側，右手成劍指向前做拗步弓蹬式（圖7-11）。然後右腳向後撤半步成仆步下勢（圖7-12）。左右相同，方向相反。此功是下勢揀腿的基本功法。

（六）旱地拔蔥

左腿向前抬起平伸後勾腳尖，左手握拳抱在腰間，右手成掌或劍指向前盤伸抬起的腳尖，以保持起立的平衡，右腿屈膝下蹲，隨即站起（圖7-13）。左右相同，方向相反。此練習能增

圖7-13

強下肢筋骨的伸縮強度和蹬
彈力，是用吻、別、槓等法
的基本功法。

（七）仙人照影

左腳前邁成左弓步，左
手握空心拳，手心向裡，右
手握空心拳，向身後背成手
心向上（圖7-14）。左右
相同，方向相反。

圖 7-14

（八）夜叉探海

雙腳開立約同肩寬，雙手向前平伸前探，雙臂盡力前
伸，用雙手抓握拳9次（圖7-15）。有功夫後變左腿獨立
前探（圖7-16）。左右相同，方向相反。此功練習單雙腿
的平衡性及後挑功。

圖 7-15

圖 7-16

圖 7-17 圖 7-18

(九)李逵磨斧

李逵磨斧用弓蹬步,雙手如握拿板斧一樣,前推後拉如磨斧而得名。左腳腳尖點地,右腿支撐體重站定,雙手握拳高不過眉,低不過嘴(圖7-17)。前推時作前弓步似磨斧狀(圖7-18),後拉時前腳撤回,腳尖點地。左右相同,方向相反。此功主練前後活動步法和前撲之力。

(十)鐵牛耕地

左腳在前,雙手作虎爪狀前探(圖7-19)。然後雙手扶地,將左腳撤向後方,如做俯臥撐狀,

圖 7-19

以雙手、雙腳尖做支點（圖
7–20），全身前推後拉以 9
次為度。此功練習手的支撐
功力。

圖 7–20

（十一）三停襠

三停襠是中國拳跤術的
築基樁功，馬步站樁裝桶子勁，是拳道基本樁法，也叫渾
元樁、兩儀樁。其方法是雙腿左右開立，做騎馬蹲襠式，
雙手可高掐雙肋（圖 7–21）；也可在胸前抱圓，氣沉丹田
（圖 7–22）。還可以站兩儀樁（圖 7–23），內抱外撐，氣
沉丹田。此樁是拳道強基壯本之功法，常站此樁可使底氣
充盈，丹田膨脹如鼓，氣充血融，強筋壯骨，腰腎堅強，
四肢有力。

圖 7–21

圖 7–22

圖 7-23　　　　　　　圖 7-24

（十二）合臥襠

　　合臥襠是三停襠樁法的變勢。在騎馬樁的基礎之上，雙膝向內合臥成夾馬樁，兩手向頭前上方外撐（圖 7-24）。它是形意拳、八卦掌的扣步、擺膝裹襠的重要功法，是裡勾外咬呼拉襠腿法的基本功。不站此樁，三體式襠膝不合，不合就發勁不整，發勁不整就不能談及六合之功。

（十三）魁星襠

　　魁星襠是單腿獨立的樁法，以人體的頭、肩、肘、手、胯、膝、腳效仿天上的北斗七星。以左腳在前的三體式為始（圖 7-25），將左腿盤置於右膝下方，左手握拳置

圖 7-25

於左膝之上，右手握拳置於頭右前方，右腿支撐體重（圖 7-26）。左腳腳跟要靠在右腿的膝蓋部位，提左腳時左手握拳按在左膝上，小指側向外圓撐，右手握拳高舉於頭上百會穴前方。小指側朝上，天人相應，渾然一體。

換式時落成右三體式，要求左右動作相同，方向相反。

三、二十四勢演空圖說

圖 7-26

（一）拉涮式

拉是向前抓把，手心翻轉向上，握拳拉把、拉涮、拉手別。練習方法是上左步，左手前抓，左腿後插背步（圖 7-27），右腿向右橫向打開（圖 7-28），雙手向右上方拉

圖 7-27

圖 7-28

涮。左右動作相同，方向相反。

（二）吻背式

吻的用法很多。吻就是近身貼靠，近身、發力是拳跤術的兩大法寶。二十四式為基本功的演空，吻是全身沾挨貼靠用力之法。練習方法是右手盤肘入手（圖7-29），右手用意抓對方後腰

圖7-29

部。當右手向右臀部回抓的同時，左腳後畫成騎馬狀，左手橫於胸前（圖7-30），右手自後向前掄摔，彎腰低頭並向襠內甩手（圖7-31）。表演時可打手拍身見響以顯其勁威。左右動作相同，方向相反。

圖7-30

圖7-31

圖 7-32   圖 7-33

(三)槓　式

雙手用抓向左下拉摟後再向右上捅，背左步合麻花勁
（圖 7-32），隨勢用右腿向後上翻滾槓打，用右臂抓領或
裹脖變臉抖身均可（圖 7-33），打對方膝部以上為滾槓。
左右動作相同，方向相反。

(四)別　式

盤肘入手，進右手上右腳背左步，用法上打對方膝部
以下為別。右手外開至右胯處，左腳獨立站定，右腳盤腿
於左膝部（圖 7-34），再擰身後繃，左腳獨立蹬轉外擺，
與右手裹脖同時動作，落成左弓右蹬勢（圖 7-35）。左右
動作相同，方向相反。

圖 7-34

圖 7-35

圖 7-36

圖 7-37

(五) 挑 式

挑是用腿前後上挑，演空是練前挑腿回抹脖，後練挑勾，盤肘入手，上右腳背左步（圖 7-36），擰身裏脖彎腰低頭，右腿同時向後上挑勾，形似蠍子翹尾狀（圖 7-37）。左右動作相同，方向相反。

圖 7-38   圖 7-39

(六) 撞　式

撞是盤肘入手藏頭縮項，進步用頭肘撞靠，為挾剪之
技（肩肘沖撞趕踢），用上撞下砍、上撞下攔法。先上左
盤手（圖 7-38），趕右腳，用頭及右肩肘撞靠（圖 7-
39）。左右動作相同，方向相反。

(七) 砍　式

砍是用腳後跟向回磕打刨砍，俗稱老鎬子，用掌為砍
劈掌。練習方法是左前右後合手左弓蹬步（圖 7-40），左
腳後跟向回砍的同時，右手向左前撞轟（圖 7-41），再變
右腳在前，用左手外撞轟，右腳回砍。左右動作相同，方
向相反。

圖 7-40　　　　　　　　圖 7-41

圖 7-42　　　　　　　　圖 7-43

(八)磨　式

　　磨是磨轉、抹踢，八卦轉走拉涮，其用意是抓手拿肘、扒脖倒把撕拉。開式用半馬樁右腳小背步，下勢前推回扒膝部旋轉（圖 7-42），左腿向後撤成右弓步，同時左手向前上砍、右手向左下拍打（圖 7-43）。破吻別而用，將對方磨砍而倒。

圖 7-44　　　　　　　　圖 7-45

(九)踢　式

踢是摔法中常用的方法。練習時用大腿帶小腿發腳的剛寸之勁。第一用雙手捋托對方肘部，再用意踢對方樁腿（圖 7-44、圖 7-45）。第二練習雙手掐腰，走直趟左右反覆走踢練習（背步向後彈也是踢），擰身變臉換胯抖踢。用踢的摔法最多。第三是擰身換胯擋踢，分為定步左右踢、活步上步翻身踢、換胯勾腳擋踢等。

(十)勾揀抱式

勾法如狸貓上樹，下裡勾上外發，裡勾外咬手外撲，上下對錯力相合，手腳相合之法所用。勾似狸貓上樹裡勾外咬，用腳正反畫圈，下勾上發（圖 7-46、圖 7-47）。

揀是正反拉涮倒手，揀腿射摔。揀時可直接順身而揀，也可先用拿手制肘扒脖、正反拉涮法轉走，順勢邊走

圖 7-46　　　　　　　　圖 7-47

邊磨身而揀，正手拉涮為正
揀。反手拉涮用鷂子入林
法，前打順力後揀為反揀，
具體用法和勾配合使用。

　　抱法有順勢迎面抱、側
面抱、鍘切旋轉抱、長腰
抱、沖步欺身抱、畫切抱、
揀腿抱、捲頭裏脖抱、爬腰
入胯抱、套臂扣肩裏抱、抓
拿抱臂等都是抱。正所謂過

圖 7-48

膝不拿吸化抱，用力一抖受不了，鑽頭上肩吻滾靠。

　　抱法裏的盤肘入右手演空抱，用右手抱時，左腳回撤
一步將對方撬起（圖 7-48）。向右轉身回砍右足，為抱反
撞（圖 7-49）。在向右轉時左手向前方打撲掌，再變左抱
式。左右動作相同，方向相反。

圖 7-49

圖 7-50

圖 7-51

圖 7-52

(十一)晃腰式

　　兩臂自然伸開（圖 7-50），彎腰低頭，頭部向右腿前外側下扎（圖 7-51），再向左晃動從左腿外抬起，身臂後仰（圖 7-52）。腰部做畫圓活動，反覆從右下向左上晃動，也可從左下右上晃動。

圖 7-53　　　　　　　　　圖 7-54

(十二)裡合外擺踢腿式

左腳裡合踢擺，用右手迎擊腳的內側面（圖 7-53），
然後右腳裡合踢擺用左手迎擊。外擺是右腳向上踢起外擺
打右手（圖 7-54），左腳
再向上踢外擺打左手。

(十三)麻花步式

左右用倒插、小背步擰
轉。右腳前上、左腳後插背
步（圖 7-55），再向右轉
身、左腳前上、右腳後插背
步（圖 7-56）。左背步右
轉身，右背步左轉身，左右
反覆交叉步擰轉練習。

圖 7-55

圖 7-56   圖 7-57

(十四) 跳躍伸展式

左腳蹬地跳起，右腳盡力屈膝上提，雙手直臂上伸（圖 7-57）。左右腳跳躍相同，方向相反。

(十五) 盤腿踢鍵式

右腿站立，左腿提膝盤腿上踢，並用右手打左腳的腳面（圖 7-58），隨即左腳從右膝上部逃抽，在向左擰身的同時回落於左側（圖 7-59）。左右動作相同，方向相反。

(十六) 踢椿腿式

雙手掐腰，左腳向前走雞腿步的同時，右腳向前碰打左腳後部（圖 7-60），再向前邁右腳，後腳再向前碰左腳。一步一踢碰，反覆練習。

圖 7-58

圖 7-59

圖 7-60

圖 7-61

(十七) 走矮步式

走矮步為熊形步。雙手握拳抱於腰間,兩腳橫開一肩寬左右,屈膝下蹲,向前邁步自然行走(圖 7-61)。

(十八)邁車溝式

邁車溝也叫四眼步。兩腿站立，先用左腳向右腳前方橫向交叉邁步（圖 7-62），再用右腳向左腳前方交叉邁步。左右腳反覆練習。

圖 7-62

(十九)抓捯進退步式

兩手用意抓手拿肘，兩腳用踐步前後抓捯進退，或用意抓手扒脖頸，向後抓捯拉撤（圖 7-63、圖 7-64）。左右相同，方向相反。

(二十)正反拉涮旋轉步式

抓手制肘扒脖、八卦轉走，正反拉涮捯手旋轉，俗稱野雞旋窩勢（圖 7-65、圖 7-66）。左右正反練習，動轉頗

圖 7-63

圖 7-64

圖 7-65　　　　　　　　　　圖 7-66

圖 7-67　　　　　　　　　　圖 7-68

似水中魚，是用意旋轉閃讓法。

（二十一）背步彈抖式

用意接手拿肘用左背步（圖 7-67），右腳順勢打開、橫向彈踢（圖 7-68）。左右相同，方向相反。

圖 7-69 　　　　　　　　　　圖 7-70

（二十二）馬步開合踢擋式

先作馬步狀，雙手成雙搭手式，雙臂向右合力橫耘，右腳同時向左攔踢（圖 7-69、圖 7-70）。兩腳原地左右換胯擰身擋踢。

（二十三）翻身倒步擰身擋踢式

用內蓋手左手抓、右手扒脖（圖 7-71），撤右步耘右手向回轉身 180°，同時右腳向前勾腳擋踢，隨即翻身落成右弓蹬步（圖 7-72、圖 7-73）。左右相同，方向相反。

圖 7-71

圖 7–72

圖 7–73

圖 7–74

圖 7–75

（二十四）掛手花磕式

　　用掌為掛，用拳為磕截。屈臂下劈上掛，堵手封把是
練顧打的斬截之法。如圖 7–74、圖 7–75 所示，是用右手

花磕，花磕也是花砍。是封手防對方抓把的手法，肘不離肋，手不離心的自打顧法。左手練法相同，方向相反。

四、中國傳統拳跤術十法十四訣解說

拳跤術十法十四訣是：拉涮、吻背、榰、別、挑、撞、砍、磨踢、勾揀、抱。拳能五行生剋變化，跤有十法演之道，演成大絆三千六，小絆賽牛毛，千變萬化，無有窮盡。

(一) 拉涮法

將對手向自己身上吸拽為拉，將對手向自己兩側拉拽為涮。拉是拉扯吞吸，「猶如盤蛇吸食走，抓手拿肘要有吸吞勁」。拳講引進落空，涮為領化。跤術用拉吸先使對手成背勢，吸吻後再使絆。使對方如臨漩渦般旋轉，都是以推拉擰轉的形式來實現。上支下拉，前推後拉，接手制肘套肩拉，用吻必用拉吞吸法來實現。藏手用拉專破吻別，彼一動就拉，隨即用托踢撞砍。

破解法

耙腰撐胯，順力趕撞用踢、砍拍、踢撲。

(二) 吻背法

吻是中國拳跤術摔法中的重要方法。在拳跤術中，用臀胯、肚腹貼靠對方的小腹部位以及其他部位相互黏貼擠靠都為吻。比如用裏胯，要讓對方的面部靠近我胸部，拳經講「打人如親嘴，打人如吃奶」，就是對近身擠靠黏吻

的形象描述。再如腦切子是用我方臀部去吻崩對方的臀部；腰中插槍是用膝部吻對方的腰腹部；揣是用背部去吻對方的胸腹部。拳跤術吻法特點是無貼不靠，有靠必貼。只有透過建立黏靠支點，才能實現人體的力學效用。

因為不通過貼身黏靠磨合，就不能反背旋轉發力；沒有吻貼黏靠，就好比螺旋千斤頂沒有著力點，槓杆沒有支點，好比捲揚機滾筒與鋼絲繩相脫離鬆動沒有纏繞固定點，不能實現纏滾之力。吻就是用四肢八節，頭、肩、肘、手、胯、膝、足七星相助，去接觸，固定，黏貼，裹抱，捆拿，欺靠對方身體四肢八節。乘我順人背之勢，用背步崩臀低頭見跤。

破解法

耙腰回拉手攉、反拉手別、托踢撞砍、盤腿過、磨轉變吻別。待機而動，一動就拉，拉就撞砍攔踢，扶腰抱臂，聽勁待動，藏手用拉，肚腹吻貼，隨勢撞砍，走臉攔踢。用的是拉、吻、撞、砍、踢。

(三) 槓 法

槓有腿槓、臂槓、上下左右槓杆合力滾槓。手臂可以屈臂向前滾槓，向後背步擺臂蓋壓槓。腿可以盤拐滾槓。槓與別有相同的用法，但槓不用裹脖、走臉上拋。別的作用點在膝蓋以下，槓的作用點在膝蓋以上。曲臂的槓法向外、向內有並剪鍘切之力，作用點在胸肋部位，直臂擺槓部位在頸部和胸背部位，用交叉背步動中合勁，隨勢打開手腳上下用槓杆剪切力見跤。

手的槓法有分筋搓骨之法，只要抓手拿肘，撒肘槓臂

滾打就有。使用方法分中門、邊門，懷中抱月裡外檳別，用力一抖彼發慌。左手抓手，右手扒脖向自己後背上拉涮，再用右腿起檳打。

破解法

手扶腰間，上撞下砍或闖腿插裡別（鬼伸腿），向前弓膝頂撞破之。扶腰抱臂，聽勁待動，一動即拉，肚腹吻貼，隨勢撞砍，走臉攔踢。用的是拉、吻、撞、砍、踢。

(四)別　法

別是跤術中使用「上捆下絆」的具體方法，是上用捋拉、下用別插，下部勾別、上部再發的人體力學之道。它的作用形式好比機械扳手卡住旋轉物體的上下或左右兩個著力點，扳手卡口受力方向相反，圓轉勁力相合。別有手別、腳別、手腳別。手別如金雞抖翎，腳別如烏龍擺尾。用交叉背步動中合勁，隨勢打開，崩臀、伸腿、長腰、走臉，用人體力學的螺旋加槓杆的作用力見跤。左手抓手、右手扒腰，向上用右腿打別子。

破解法

手扶腰間，上撞下砍。襠中闖腿插釬裡別，用鬼伸腿，前趟腿頂膝而破之。扶腰抱臂，聽勁待動，一動即拉，肚腹吻貼，隨勢撞砍，走臉攔踢。用的是拉、吻、撞、砍、踢。

(五)挑　法

是用腳前、後上挑，向前踢挑為抹脖，腿膝部彎曲為挑勾。手也有挑法，接手拿肘裡外手，撒手上挑擰旋走，

抱臂過肩鑽頭挑。手插襠攉挑，抄腳反抖，肩肘向上架挑都是挑的用法。

蠍子翹尾、裹脖低頭、直腿上挑，膝部上屈為挑勾。以背步、交叉步、退步變化和手足的槓杆挑拉力使對方失去平衡而見跤，此為低頭挑腿法。左手抓手，右手插臂，雙手前送，右腿向後上挑。

破解法

勾子怕「騎」。騎猶如抓鞍上馬之狀。回拉上騎，抓住把位向自己襠內拉。

(六)撞　法

撞在拳跤術中用法很多，頭有刁搖晃碰頂撞，肩有伏身裡外撞，此外還有沖步欺身搶胯撞，畫切進身搶位抵胯撞，轉身背步用臀撞，提膝頂撞，用手雙撞掌等撞法。使用撞法時腳下先套絆住對方，上部肘頭肩用撞，上撞必下砍，形成槓杆力見跤。用搶位撞崩法，有「一撞破萬法」之稱。左盤肘入手，再上右步用右肘趕撞。

破解法

吞身撤步再以撞破撞、砍踢破撞。

(六)砍　法

砍也叫老鎬子。用腳後跟砍擊、手掌緣砍打是砍；腳扎中門、繞步邊門前踢回抹也是砍；上手單雙裡外蓋，回手抹踢還為砍。腳手用力方向相反，上下、左右勁力相合，以槓杆力的形式見跤。左手抓肘，右手抓手，隨後右手向前斜砍的同時左腳也回砍。

破解法

用虎撲撞掌搶位，擠靠、撞踢撲掛法破之。

（八）磨踢法

有磨必踢，有踢必磨，勁向對錯，勁力圓轉相合。磨為轉磨旋轉，是拳跤術耍圈抖圓走螺旋的主要方法。一手前推、一手回拉使對方身體旋轉為磨，正反拉涮旋轉為磨。兩手在懷中回環轉動為磨，腳下順逆畫圈為磨。擋攔轉甩為磨，按腰扒膝為磨。向自己襠內砍拍為磨，扶膝部向回扒、下按跪腿為磨。扒腰讓對方旋轉而失重見跤為磨。接手制肘為獅形獅子張嘴、撕把涮拉八卦正反轉走為磨，刁臂套肩、扒脖拉涮旋轉為磨。

讓對方順肩旋轉也為磨，自己用長腰走臉、滾轉纏拉對方也為磨。背步轉身旋轉也為磨。跤術的「鑽子腳」以腳掌為軸擰轉為磨。用的是槓杆旋轉法。

破解法

用吻別一定要裹嚴不丟把，以防用磨。

踢法

在跤術中的踢法很多，跤術的「上捆下絆」的應用就是一個踢字，有托踢、上步踢、沖步踢、彈踢等。

踢的方法是在對方倒不開重心時，專踢樁腿重心腳而見跤。用腳的勾掛摟法向對方腳的踝骨以下，見腿碰擊都是踢法。有「一踢破萬法」之稱。接手抓肘，用手外領，腳下用踢，也叫單劈腿。

破解法

下節明、不丟步，盤腿撤步，左右拍托蓋踢。

（九）勾揀法

勾法如狸貓上樹，下向裡勾、上向外發，裡勾外咬手外撲，上下對錯力相合，手腳相合之法所用。

揀是揀腿，不用彎腰就能把對方之腿揀起來，揀時可直接順身而揀，也可先用拿手制肘扒脖，正反拉涮法轉走，邊走邊磨順勢而揀，正手拉涮為正揀。反手拉涮用鷂子入林法，前打順力再返後而揀為反揀。接手制肘扣腳，左腳回掛上勾，釋開右手用揀腿。

（十）抱　法

抱有順勢迎面抱、側面抱、鍘切旋轉抱、長腰抱、沖步欺身抱、畫切抱、揀腿抱、捲頭裹脖抱、爬腰入胯抱。套臂扣肩裹抱、抓手抱臂等也都是抱。過膝不拿吸化抱，用力一抖受不了，鑽頭上肩吻滾靠。接手托肘捯手，進左步沖起對方一條腿，再用胯扛抱起對方。

破解法

沾連黏隨不丟把，肩胯肘膝相合無背勢，以防進身用抱。

拳有五行生剋變化之法，跤有十法相演變化之道。一使百扣變化無窮。著身手是絆，沾連黏隨，彼動步一腳著地時，動「藏手」順勢借力用拉抱撞砍；失重不穩之時用攔踢。正所謂「一手一腳是時機」。

欺搶而用，拉吻槓別挑；待機而動，撞砍踢磨抱，宜隨機變化而用。接手單、雙、裡外蓋，推托倒把拽。開手磕、砍、拍、捋、摞，扣臂插手崩，磕捅撕把，提腿涮腰

甩頭。練好「撕崩捅」（黃鼠狼拉雞功法），十法隨勢用。借手要扣拿，擰身走臉就是法。大絆三千六，小絆賽牛毛。十法相演變化無窮，實乃一身、一勢、一氣之變化。

第八章
中國拳跤術主要摔法論說

一、中國拳跤術「撕崩捅」基本功法應用

正身法、斜身法、轉身法、擰身法，可謂正斜轉擰為一圈一勢之變。拳術起手鷹捉，扣如鋼鈎、用抓捋，順勢發力。單手抓拿為起手鷹捉，雙手抓拿接手制肘為獅子張嘴。

在跤術中的作用就是「撕崩捅」，撕是抓把、撕捋回拉正反拉涮。

崩是用背轉步，插腿崩胯打，槓杆崩撬之力。

捅是回拉前捅、前捅回拉使其旋轉，向前推按虎撲，下勢揀腿。

不穿跤衣時要接手制肘捋拿、扒脖勾拿轉走拉涮，或用抓倒進退步牽拉破壞對方重心，使其「坐火車」晃動後，上捋下插，下勾上發，順前趕後，沖中走邊，上下左右隨力找勁。

二、中國跤術主要摔法名稱

1. 纏麻花
2. 纏麻花變別子
3. 老鷹刁小雞
4. 拉撤弓步揣
5. 抱變砍撞
6. 掖手背步揣
7. 背步串繃
8. 拉涮挎籃揣
9. 順手牽羊
10. 三倒把踢
11. 盤肘入手抱
12. 領手抄肘踢
13. 上步抹脖
14. 踢捧踢
15. 沖步抹脖
16. 托踢
17. 退步抹脖
18. 撞反趕踢
19. 得合樂
20. 入手吻
21. 得合樂揀腿
22. 手攞反拉
23. 得合樂反抹脖
24. 沖步抱踢
25. 裡倒勾、外倒勾
26. 上步抹踢
27. 橇胳膊踢
28. 抱臂踢
29. 架梁腳反揣
30. 揣變翻身砍捋踢
31. 上涮拉踢
32. 小黏沾
33. 拉踢反捧踢
34. 戳窩
35. 半吻半別
36. 腰中插槍
37. 穿襠靠
38. 襠中插槍呼拉襠
39. 彈撢子
40. 插閃反拍
41. 裡蓋手反抹脖
42. 掖手腦切
43. 外蓋手反揀腿
44. 跪腿別子
45. 跳步別
46. 跪腿反砍

47. 得合樂外砍踢

48. 得合樂內踢

49. 得合樂爬拿

50. 插臂別

51. 插臂反揀腿

52. 倒步撩手攉

53. 吻變反拉挑攉

54. 外掛裡刀

55. 抆手切脖

56. 抵胯裹脖拉

57. 裹脖抆碰反揀腿

58. 裹脖外拋踢

59. 抱臂支別

60. 接手羝胯崩

61. 磕捅曲臂撞

62. 磕捅回掛揀腿

63. 反拍回身轟

64. 沖步撞靠反踢

65. 套肩拉崩

66. 拉撤步挑勾

67. 扣肩反拉

68. 外倒勾反吻

69. 按抖踢

70. 得揀腿反裹脖別

71. 挎臂踢

72. 刁臂砍腿撞掌

73. 十字砍撞

74. 撐磨反拍

75. 托肘鍘背抱腿

76. 拍抆抹踢

77. 托劈手揀腿

78. 推拖側切揀腿

79. 下採捆腳揀腿

80. 腰帶外倒勾

81. 腰帶擋踢

82. 挎手踢

83. 拉臂碰腿反揀

84. 抄臂串崩

85. 刁臂拉攉

86. 抆臂拍腿

87. 劈按手摳

88. 順勢手別

89. 刁臂攔腰抱

90. 裹脖拉拉

91. 推拖抆反躺刀

92. 外蓋手反揀腿

93. 抆手背步裹別

94. 抓二節肘轟

95. 插臂斜飛掌

96. 抱月反穿梭

97. 抆探掌橫劈

98. 挑領過橋

三、中國跤術主要摔法圖說

1.纏麻花變別子

在使右纏麻花時，下部的纏腿和上部的裹脖要同時進行，上部裹脖要嚴實，讓對方的嘴來吻貼自己的胸部，向前跳步讓位，最後擰身用腳前挑、用手向外掰甩、長臉見跤。

若在使用纏麻花時對方不讓纏腿，我可隨即上蓋步用別子。上手裹脖必須用好，然後擰身長臉。抓手裹脖腿下纏如圖 8-1 所示。若對方向後撤腿，可變用腿打別子（圖 8-2）。

圖 8-1

2.老鷹刁小雞

使用方法是接手拿肘、捯臂刁手、沖襠撞胯，沖起一條腿時再抱，擰轉身扒腰吻胯抱拿而見

圖 8-2

圖 8-3

圖 8-4

圖 8-5

圖 8-6

跤（圖 8-3、圖 8-4）。

3.拉撤弓步揣

使用方法是抓住手臂用抓倒進退步拉涮（圖 8-5），牽動對方後再變臉用前弓後繃之身法將對方揣摔（圖 8-6）。關鍵是抓牢手把拉涮，將對方涮拉在自己的肩頭再摔。

 8-7　　　　　　　　　　　圖 8-8

4.抖涮背步揣

使用方法主要是雙手接手拿肘拉涮（圖 8-7），螺旋勁使對方繞至我方肩背後，再背步扛摔（圖 8-8）。也可抓臂扒脖拉涮，背步用吻別槓挑。

變涮挎籃揣，使用方法是屈臂挎拿對方手臂，上步轉走拉涮時，關鍵是要用肘臂橫擊，使對方吻在自己的肩背部再揣。

5.順手牽羊

使用方法是接手制肘或刁臂後（圖 8-9），撕把拉捋牽動對方，下部用腳攔踢對方的一腿或兩腿，用法是擋後腳向後踢，搶前腳側向踢（圖 8-10）。此為打動法，向前為牽羊。

圖 8-9　　　　　　　　　　圖 8-10

圖 8-11　　　　　　　　　　圖 8-12

6.半吻半別串崩

　　使用方法是臀部的一部分用側背步，沖步撞胯扒腰，連續用半吻半別將對方摔倒見跤（圖 8-11、圖 8-12）。

圖 8–13　　　　　　　　　　圖 8–14

7.三倒把踢

使用方法是接手将肘外擺向邊門上步順身（圖 8–13），先向下按對方肩臂，隨勢再用手向上、向後抹砍，下踢上砍，使對方後仰倒地（圖 8–14）。

8.入手吻

使用方法是雙手相接，盤肘入手抓住對方後帶部位（圖 8–15），用力將對方向我方身體拉近，另一手抓住肘部，步法用背步或蓋步均可，用自己的臀部去頂撞對方的小腹部，低頭彎腰而見跤（圖 8–16）。

變盤肘入手吻抱，使用方法是吻胸沾擠，滾磨向對方腋下腰間插手上把，也可用頭撞再抱腰，拉吻背步用槓別挑。

變吻反拉，使用方法是破對方用吻，自己用藏手等

圖 8-15   圖 8-16

待，對方一動就拉，一拉就擺襠部，襠部擺不動，就再反拉，順勢入襠沖抱，下部用攔擋砍踢見跤。

吻變反拉挑擺，使用方法是先用吻，再變入襠拉擺挑摔。凡是用吻的入手時，定要抓把備好藏手，聽勁待動，一動就拉，拉成貼身對肚將對方捆住拿死，用砍撞攔踢見跤。

9. 接手反涮

使用方法是接手拿肘（圖8-17），用小背步反拉涮，上步向對方襠內用後插腿，同時用拿肘向外捅抖再變吻崩，接手拿肘反向拉涮，順勢上步用吻崩，後手向前捅送，前手向前下捅送，使對方向前栽滾倒（圖8-18）。

圖 8-17

圖 8–18　　　　　　　　　　圖 8–19

變拗步手別。使用方法是接手拿肘反向拉涮，順勢上步用肩反扛對方上臂，再用另一手用拗步手別（圖 8–19）。

10. 抱反撞砍

使用方法是先盤肘入手，走邊門，前腳不入襠用抱（圖 8–20），對方耙腰下墜，我則

圖 8–20

趁勢變用老鎬子向下刨砍，後手回拍對方臀部，前手和頭前撞，腳手上下勾錯而見跤（圖 8–21）。

11. 沖步抱踢

使用方法是用腳向對方的襠內沖，順勢抱拿住對方，將對方一腳拔起，再用攔擋砍踢，將對方放倒見跤（圖 8–

圖 8-21

圖 8-22

圖 8-23

圖 8-24

22、圖 8-23）。

12.上步抹脖

　　使用方法是接手裡蓋上反抹脖（圖 8-24），向前方磨身上步轉擰上抹，下邊同時用腳挑踢，踢起對方的一條

腿，抹動旋轉見跤（圖8-
25）。

13.退步抹脖

使用方法是手與對方的
脖子成拗手型，（圖8-
26），利用身體的後退步慣
性用手向後、向下抹捋，使
對方前趴倒地見跤（圖8-
27）。

圖8-25

14.沖步抹脖

使用方法是用腳向對方襠內插腿沖步，使對方用一條
腿支撐時，再下踢樁腿、上用橫抹，將人平身放倒見跤
（圖8-28、圖8-29）。

圖8-26

圖8-27

圖 8-28

圖 8-29

圖 8-30

圖 8-31

15.托踢變踢捧踢

欲左先右之法。搭對方雙臂，先向左踢捧，趁勢再用左手虎口拖對方右腋，下部用右腳擋踢對方左腿見跤（圖8-30、圖 8-31）。

圖 8–32　　　　　　　　　圖 8–33

也可使用插臂上捧下按對方的兩只胳膊，上下形成螺旋用踢，受阻後，再變腳踢攔對方的腿下部而見跤。

16. 撞趕反踢

也叫飛逮子腳，使用方法是肘部前撞，後腳趕踢。向前撞為虛，後腳趕踢為實（圖 8–32、圖 8–33）。比如用左撞右踢，踢時右腳前踢，手同時要向後甩，左右勢相同。

也可用磕捅屈臂撞，使用方法是盤肘入手磕捅後，隨勢上步掩肘拐臂，上用靠撞、下用勾腿，可變趕踢。

17. 得合樂

使用時必須抓臂扒脖跨步拉涮磨走，將對方旋拉到自己的臀部上，再入襠向外咬勾，上手由對方頸後移至頸前喉部並向外推撲，使對方後仰倒地見跤（圖 8–34、圖 8–35）。

圖 8-34

圖 8-35

圖 8-36

圖 8-37

18. 得合樂揀腿

　　使用方法是一腿入襠向外勾咬，對方抬腳逃腿，我則可順勢揀腿，用射法見跤（圖 8-36、圖 8-37）。

圖 8-38　　　　　　　　　　圖 8-39

19. 得揀腿反裏脖別

當使用得合樂揀腿對方逃腿時，迅速變背步裏脖使別而見跤（圖 8-38、圖 8-39）。

20. 得合樂反抹脖

使用方法是在入褡向外勾咬時，對方抬腳逃腿，我則可趁對方一腿支撐之機，上手立即變抹脖而見跤（圖 8-40、圖 8-41）。

21. 得合樂外砍踢

當用外咬腿時，對方欲圖外逃，此時我立即抓肘拉将，再上撞下砍對方支撐椿腿而見跤（圖 8-42、圖 8-43）。也是重腳踢的變式。

圖 8-40

圖 8-41

圖 8-42

圖 8-43

22.得合樂內踢

使用方法是在用外咬腿時，對方欲外逃，我方可立即撐身變臉，在對方襠內向回掛踢對方支撐樁腿而見跤（圖8-44、圖8-45）。

圖 8-44　　　　　　　　　　圖 8-45

圖 8-46　　　　　　　　　　圖 8-47

23.得合樂爬拿

　　使用方法是在用外咬腿時，對方欲外逃時，立即下勢
勾拿對方支撐椿腿而見跤（圖 8-46、圖 8-47）。彎腰下勢

圖 8-48   圖 8-49

要特別注意，防對方提膝撞擊面部。

24.裡倒勾、外倒勾

裡倒勾、外倒勾的區別之處在於：凡是在對方襠外使用的均為外倒勾（圖 8-48）；在對方襠內使用的，無論是向裡勾還是向外咬掛均為裡倒勾（圖 8-49）。屬於功夫型技法，出手鷹捉如鋼鈎，動腳畫圓抽腿勾。勾掛敵腿為擊無不中之法，手不空去，腳不空回即是此意。用裡外倒勾時，抓手扒脖，先牽動對方讓其「坐火車」晃動無根，再用抓倒進退步，隨勁而用下勾上推之法見跤。

25.上步抹眉踢

上步抹眉踢使用方法跟上步抹脖不一樣，是接手托肘走邊門，用手抹砍對方的面門，下面順勢用腳別踢，使對方後仰見跤（圖 8-50、圖 8-51）。

圖 8-50　　　　　　　　　　圖 8-51

圖 8-52　　　　　　　　　　圖 8-53

26.拉涮攔踢

　　使用方法是抓手扒脖，跨步磨走拉涮使對方失去重心後，再上腳攔踢見跤（圖 8-52、圖 8-53）。

圖 8-54　　　　　　　　圖 8-55

27. 橇胳膊踢

使用方法為左手抓拿對方手部，右臂屈臂抱拿對方同側上臂（圖 8-54），用左手與右臂的肘部形成槓杆力點撬拿，再跨步磨身橇抖踢，用撬抖攔踢而見跤（圖 8-55）。

28. 抱臂別反蟞

使用方法跟橇胳膊踢不同，橇胳膊踢走的是抖圓踢，而此式抱胳膊先用別子（圖 8-56），趁對方僵勁時，順勢反蟞（圖 8-57）。

29. 架梁腳反揣

架梁腳的用法適用於大個子對小個子用，但小個子對大個子用架不起時，應立即拐肘橫打，將對方打在自己的後背上用揣法見跤（圖 8-58、圖 8-59）。

圖 8-56　　　　　　　　　　圖 8-57

圖 8-58　　　　　　　　　　圖 8-59

30.小黏沾

　　使用方法是雙手抓住對方上臂，抬腳先踢後沾（圖 8-60），踢對方腳部，黏沾對方小腿下部，上挑橫耘使對方失重而見跤（圖 8-61）。

圖 8-60

圖 8-61

圖 8-62

圖 8-63

31. 戳　窩

　　使用方法是接手拿肘将拿，用拗步勾住對方的腳跟外側，用雙手向下将戳對方而見跤（圖 8-62、圖 8-63）。此法使用要看對方的步法，順步時就用裡外倒勾，拗步就用戳窩巧勾。

圖 8-64   圖 8-65

32.腰中插槍

使用方法是在側面接手托肘捯臂扒脖捆拿，同時用膝部頂撞對方小腹部，在對方收腹彎腰之際，速變裹脖「滾腿別子」，使對方向側方滾翻見跤（圖 8-64、圖 8-65）。

33.穿襠靠

使用方法是抓手拿肘，再用抓倒進退步，順勢縮身前鑽，頭進入對方胳膊下方，雙手向後用力抖拉，使對方前傾趴在自己的身上，前手穿入對方襠內，肩頂在對方小腹上扛挑，扛挑受阻則迅速變抱腿，用腰背過橋餅摔而見跤（圖 8-66、圖 8-67）。

34.襠中插槍呼拉襠

使用方法是抬腿插入對方襠內，上部抓臂扒脖抓領

圖 8-66

圖 8-67

圖 8-68

圖 8-69

（圖 8-68），再擰身變臉滾腿裏拉，抽步下按，使對方前
趴而倒地見跤（圖 8-69）。

呼拉襠使用方法是只要一腿插入對方襠內後，用腳連
續前踢後打，使對方原地下坐蹲地而見跤。對方一慌也可

圖 8-70 圖 8-71

入胯變吻別。

35.彈擰子

使用方法是用手抓住對方手臂，再用腳彈手捋，順勢打開上抖下彈而見跤（圖 8-70、圖 8-71）。此法使用時必須用背部的交叉合力，有側面彈摔、對面彈涮兩種。

36.插閃反拍

使用方法是用右手向對方腋下插臂屈肘抱拿，插閃要嚴實，貼身對腹才行，此法是欲左先右的招式，插後由左再變向右拍砍而見跤（圖 8-72、圖 8-73）。左右用法相同，惟方向相反。

37.掖手腦切

使用方法與掖手揣的掖法不同，掖手揣是在中門用背

圖 8-72　　　　　　　　　圖 8-73

圖 8-74　　　　　　　　　圖 8-75

轉步，掖手腦切是走邊門，向內托肘再用臂畫切，屬於迎
前走後的技法（圖 8-74、圖 8-75）。

圖 8–76   圖 8–77

38.跪腿別子

使用方法是接手制肘扒脖，順勢跪拿對方腿部（圖8–76），對方一抽腿，就上步使別見跤（圖8–77）。

39.跳步別子

跳步別子是背轉步的變勢用法，使用方法是接手制肘走邊門背步，哪一條腿背步則哪一腿跳步，另一腿打別子，用跳彈抖別之法而見跤，是一種打動法（圖8–78、圖8–79）。

40.插臂別

插臂別的使用方法是盤肘入手，插臂扣肩夾拿（圖8–80），再擰身變臉使別而使對方倒地見跤（圖8–81）。

圖 8-78

圖 8-79

圖 8-80

圖 8-81

41.倒步手擺

倒步手擺的使用方法，是偏門用接手制肘捯臂刁拿後回捋（圖 8-82），對方動步開襠時，用另一手向對方襠內插手，擰身轉腰擺挑而使對方翻轉倒地見跤（圖 8-83）。

圖 8-82　　　　　　　　　　圖 8-83

圖 8-84　　　　　　　　　　圖 8-85

42.裡勾外咬

　　前腳掌觸地向內畫圓為刀，向外畫用腳後跟為掛，外掛裡刀俗稱正反圈子腳。使用方法是接手抓肘後，用抓倒進退步或用背步裡咬外掛牽動對方，隨勢用裡勾外咬，手

圖 8-86   圖 8-87

上用推撲之法而令對方倒地見跤（圖 8-84、圖 8-85）。

43.捋手切脖

捋手切脖是接手橫肘撐切對方的頸喉處（圖 8-86），切動後隨即揀腿（圖 8-87）。若前切受阻則變回拉，回拉下勢用穿襠靠，屬於前切後拉來回變勁的用法。

44.裏脖反揀腿

裏脖捋摔反揀腿是在使用吻別受阻後，用裏脖之手順對方後背摸滑而下揀腿，後腿在對方襠內變腳跟著地，擰身滾腿見跤（圖 8-88、圖 8-89）。此法能使對方後腦勺著地，用時注意。

圖 8-88

圖 8-89

圖 8-90

圖 8-91

45.裏脖外拋踢

裏脖外拋踢是接手制肘、扒脖裏拿後，在偏門先順勢磨轉，內裏外拋，利用離心力上拋下踢甩臉見跤（圖 8-90、圖 8-91）。

圖 8-92　　　　　　　　　圖 8-93

46.抱臂支別

抱臂支別是在抱拿對方的胳膊後，向外側跨步擰身崩腿用別。支是用肘去支對方的胸部，由於不穿跤衣，不抓袖筒偏門，用時上手要屈臂裏拿，以肩頭上臂為支點，向對方腳外踝骨處插腳崩別（圖 8-92、圖 8-93）。抱臂後僵勁可變化為野馬分鬃、回身蹩、架梁腳等。

47.接手抵胯崩別

使用接手抵胯崩別時，無論腳進中門或邊門，上手的一把必須向回拉以增加抵撞力，撞後再用腿打別而見跤（圖 8-94、圖

圖 8-94

8-95）。用吻別也要先撞
胯，屬於撞法。

48.磕捅回掛揀腿

磕捅回掛揀腿是用手
向上磕開前捅，用腳後跟
向上抽腿回掛，手腳相合
順勢揀腿（圖 8-96、圖
8-97）。此法在揀腿中常
用。

圖 8-95

49.反捋回身轟摔

反捋回身轟摔是用內纏手接臂拉捋，屈臂橫滾轟打對
方，下方用崩腿摟腰變臉而見跤（圖 8-98、圖 8-99）。用
內纏手捋後再半吻半別也可。

圖 8-96

圖 8-97

圖 8-98　　　　　　　　　圖 8-99

圖 8-100　　　　　　　　圖 8-101

50.沖步撞靠反踢

沖步撞靠反踢，左撞右撞連環撞，左右搶步趕踢，並向對方襠內插腳推撲（圖 8-100、圖 8-101）。

圖 8-102　　　　　　圖 8-103

51.抹脖套肩崩

　　側面抓手抹脖拉涮轉走，插臂套肩後，用半吻半別使崩而見跤（圖 8-102、圖 8-103）。也叫抹脖手別。若受阻後可變反揀腿。

52.拉撤步挑勾

　　拉撤步挑勾也叫跑勾，是接手抓肘，再倒手抓住對方頸領用抓倒退步牽動對方，順勢轉身背步，如蝎子捲尾狀向後打挑勾而見跤（圖 8-104、圖 8-105）。用同樣的方法可變裹脖別子、裹脖滾槓而見跤，要點是用好「撕崩捅」，隨勢背步用絆見跤。

53.外倒勾反吻別

　　外倒勾反吻別屬於順勢借力而變的摔法，若用外倒勾

圖 8-104　　　　　　　　　圖 8-105

圖 8-106　　　　　　　　　圖 8-107

受阻後，則可借對方的反彈力，將勾腿迅速變抄臂背摔或
裹脖打別而見跤（圖 8-106、圖 8-107）。

圖 8-108   圖 8-109

54.十字砍撞

十字砍撞是接手拿肘、脫肘捋對方另一手成捆手後（圖 8-108），再橫劈撞而見跤。也可招手托肘用手橫砍撞頸，下部用老鎬子刨砍見跤（圖 8-109）。

55.撐磨反拍

撐磨是接手制肘、捋前打後的方法，接手托肘虎口對喉前撲按，另一手向對方後背拍按而見跤（圖 8-110、圖 8-111）。也可用臂裏切對方頸部，另一手同時拍背而見跤。

56.鈍鐮割穀揀腿

雙手在對方胸前按胸一轉（圖 8-112），並摩擦滑動下勢，用時先勾拿住對方下部之腳再揀腿（圖 8-113）。

圖 8-110

圖 8-111

圖 8-112

圖 8-113

57.外蓋手反揀腿

使用方法是接手制肘外蓋捋拿後，再順勢將手從對方
肩背部順身摸下，將腿揀起用射法見跤（圖 8-114、圖 8-
115）。

圖 8–114

圖 8–115

圖 8–116

圖 8–117

58.托劈手揀腿

　　使用方法是接手托肘，肩頭盡量前靠、吻貼對方腋下（圖 8–116），再用劈手向前劈按，另一手從托肘處順對方肩背摸下（圖 8–117），順勢揀腿而見跤。

圖8-118　　　　　　　　　圖8-119

59.正反拉涮倒步揀腿

正反拉涮時要接手拿肘，抓手扒脖轉走（圖8-118），
順勢向對方襠外扣步，鬆開扒脖之手，迅速按其胸部，同時
另一手順背向下揀腿，使對方後仰而見跤（圖8-119）。

60.插臂反揀腿

插臂反揀腿的使用方法是接手制肘扒脖，反手扒脖轉
走，順勢插臂夾拿（圖8-120）。若使手別受阻後，則可
順對方後背摸滑而下，反揀腿用射法見跤（圖8-121）。

61.捋臂拍腿

捋臂拍腿是接手制肘後，向回捋拉（圖8-122），再
順勢用兩手上下兩側圓轉合力，下拍腿部上砍脖而見跤
（圖8-123）。

圖 8–120

圖 8–121

圖 8–122

圖 8–123

62.扒腰擋踢

扒腰擋踢是用手抓住對方腰帶或扒住腰部後方（圖 8–124），向回抱拉上提後，再用腳攔擋勾踢見跤（圖 8–125）。

圖 8-124　　　　　　　　圖 8-125

圖 8-126　　　　　　　　圖 8-127

63.挎手踢

　　挎手踢是屬於抓手腕後，再屈臂卡套的滾抱拿法（圖
8-126），左右一擰拿順勢向外反甩用砍踢（圖 8-127）。
也可倒手背步跳別，順勢打開向後用法而見跤。

圖 8-128   圖 8-129

64.刁臂拉擺

刁臂拉擺是接手制肘捯手刁臂，將對方捋拉於胸前（圖 8-128），在對方開襠有把時伸手插襠擺挑，擰動腰身，對方失重後再用兩肩上下走螺旋力，使對方翻轉而見跤（圖 8-129）。

65.劈按手摳

劈按手摳是接手制肘後，用一手向前劈按，一手向下摸至對方的膝部膕窩處向後拽拉而見跤（圖 8-130、圖 8-131）。與劈按揀腿相似，此法下勢砸摳對方腿膕窩即可。

66.順勢手別

用法是抱臂後，先上抱再順勢下沉變力。接手抱臂，抓對方肘部用手別（圖 8-132、圖 8-133），或扒脖頸吻胸

圖 8-130　　　　　　　　圖 8-131

圖 8-132　　　　　　　　圖 8-133

變手別。

67.刁臂攔腰別

使用方法是接手制肘倒手刁臂，對方動步開襠有把

圖 8-134 　　　　　　　　　圖 8-135

時，沖步入襠撞胯抱拿，使用半吻半別，用抱後打攔別而見跤（圖 8-134、圖 8-135）。走襠外搶邊門用抱可變反撞砍，將對方用老鎬子刨倒。

68.裏脖拉拉

當用吻別受阻後，應用裏脖緊勒對方，並向前邁步，用肩肘下壓對方脖頸而見跤（圖 8-136、圖 8-137）。

69.推拖捋反躺刀

使用方法是接手回捋後，轉身變臉，下部用腳勾住對方的腿下部，然後鬆開手並用腳向前勾，同時頭肩後躺，用餅的方法倒地砸人見跤（圖 8-138、圖 8-139）。上乘有德之人不用此法，但不可不知不防。

圖 8-136

圖 8-137

圖 8-138

圖 8-139

70.捋肘背步裏別

捋肘抓二節背步，用抓倒退步回拉背步，順勢用臂裏
脖，下用腿滾槓打別而見跤（圖 8-140、圖 8-141）。

圖 8-140

圖 8-141

圖 8-142

圖 8-143

71.抱月斜飛掌

當對方伸手入我懷時，我可抱拿其臂，吸胸上步踏中門插臂裏拿（圖 8-142），再斜抖發力（圖 8-143）。必要

圖 8-144　　　　　　　　圖 8-145

時舉臂鑽頭過肩，吻滾對方腋肋部走螺旋見跤。

72.抱月反穿梭

抱拿對方的胳膊後，先內轉再外旋，可滾托過頭用單、雙撞掌，下部用外倒勾（圖 8-144、圖 8-145）。是狸貓上樹而見跤的方法。

73.探掌橫劈

是捋手接肘打探手掌，對方出手欲封攔，我迅速用一手捋拿，另一手揮臂橫劈，腳下再用外倒勾而見跤（圖 8-146、圖 8-147）。

74.挑領過橋

使用方法是接手制肘前推後拉（圖 8-148），順勢挑

圖 8-146

圖 8-147

圖 8-148

圖 8-149

領鑽頭入對方的腋下，入襠挑腿挺腰頂項，過橋頂翻而見
跤（圖 8-149）。挑領過橋的變化方法是，當在穿襠靠受
阻後迅速變過橋，用法的區別在於下勢的高低，都是用項
背的折靠抖力而見跤。

圖 8-150　　　　　　　　圖 8-151

75. 抱靠鍘撥

　　抱靠鍘撥是接手托肘後，用偏門從對方臂下進肩靠抱（圖 8-150），合肩裏肘用肩撞擊對方肋部，以肩肘橫滾之力，鍘切對方背部，上下兩手走螺旋使對方翻滾而見跤（圖 8-151）。

76. 纏管撞靠

　　纏管撞靠是走偏門捋手托肘，打探掌要手，再屈臂捆拿向內合膝，上用肩頭撞靠而見跤（圖 8-152、圖 8-153）。

77. 反背斜飛

　　接手拿肘拔脖，拉涮鑽頭入肩扒臂（圖 8-154）；也可拉涮似用揣背而過頭盤肩，另一手拍扒對方臀部後，再

圖 8-152　　　　　　　　圖 8-153

圖 8-154　　　　　　　　圖 8-155

旋轉崩抖；也可抓手抱臂用崩抖力過頭盤肩，另一手拍扒
對方臀部，用旋轉崩抖之力，將對方從肩背上斜飛摔出
（圖8-155）。

 圖 8-156　　　　　　　　圖 8-157

78.霸王解甲

也叫半過橋、鐵板橋，使用方法是抓手拿肘拉涮，抬臂鑽頭盤肩吻拿，另一手入對方襠內，再挺頭合背向身後抖扔（圖 8-156、圖 8-157）。當穿襠靠扛不起對方時，就用半過橋向身後摔。

79.吻肩反背

也叫走馬活夾，使用方法是抓手拿肘拉涮，順勢用蛇形摩擦對方胸肋部向下鑽插，在摳扒住對方大腿的同時，我方的肩部已吻入到對方的腋下，再反背抖力輪摔，使對方旋轉成頭朝下栽倒（圖 8-158、圖 8-159）。

圖 8-158　　　　　圖 8-159

第九章
少林、形意、八卦、太極拳摔法

一、總　論

　　形意、八卦、太極拳，跤術摔法一圈連，正斜轉擰隨時用，有機就用莫等閑。論打法大動不如小動，小動不如蠕動。微動中求速動。快打慢、慢打等、等打快。能以巧破千斤，又能以力降十會。法法有破，而法不破快。都是相對而言、生剋制化。

　　擰裹鑽翻是小圈，宜用打法；過膝就拿，整體對局部，順逆纏繞是中圈，宜用拿法；論摔法是手動不如身動，身動不如步動，正反拉涮旋轉是大圈動步，宜用摔法。

　　動手抓拿、動身走臉、動步背轉，因勢而宜。攔扎衣，雀尾攔，鷹捉手，張嘴變，過膝拿，抱裹嚴，正反拉涮隨勁變。虎獅揀腿快如閃，裡勾外咬呼拉襠，敵人不倒也發慌。腳扎中門搶地位，就是神手也難防。

　　背步擰身就走臉，拋摔如同象一般，滾臂壓手再頂

肘，擺肘挑肘十字肘，雙肘擺挑牛鬥虎。抓倒進退螺旋步，三搖兩旋見輸贏。

二、少林拳摔法

少林拳起源於南北朝時期，北魏太和十九年（公元495年）孝文帝元宏敕建少林寺。魏明帝孝昌三年（公元527年），印度僧人菩提達摩，歷時3年經廣東、南京，北渡長江來到少林寺。

形意拳、八卦掌、太極拳都是少林拳發展的精華，其站樁、打拳發力的「六字真言、七字發聲」均相同。發「哼」聲助合勁，有驚心動魄之狀；發「啊」聲助斬勁，有晴天霹靂之勢；發「嘿」聲助點勁，有神出鬼沒之變；發「呀」聲助格勁，有頂天立地之態；發「依」聲助採勁，有以柔克剛之巧；發「抖」聲助拿勁，有顯赫震敵之威；發「久」聲助摔勁，有橫掃崑崙之力（七字發聲法分別為哼、啊、嘿、呀、依、抖、久）。

1. 燕子抄水

燕子抄水主要是下勢揀腿，方法是先抓手拿肘捋帶（圖9-1），再順背而下捋拿抄腿（圖9-2）。有正面下勢、側面下勢揀腿。

2. 七星邦靠

是先捋拿帶領走邊門，用腳踩住對方的腳面，再用肩胯靠撞（圖9-3、圖9-4）。也可用腳勾住對方的下部，再

圖 9-1　　　　　　　　　　圖 9-2

圖 9-3　　　　　　　　　　圖 9-4

用靠法撞擊。

3. 順步單鞭

順步單鞭是先用手抓臂捋帶，隨即將腳伸向對方的腳後，最好是把兩條腿都管住，順步出手，能用肩不用肘，

圖9-5

圖9-6

圖9-7

圖9-8

能用肘不用手，用肩背旋轉揮肘外開（圖9-5、圖9-6）。

4.斜行勢

斜行勢是接手挎臂将帶，用拗步巧勾腿的方法而見跤（圖9-7、圖9-8）。順步用狸貓上樹裡刀勾，拗步巧勾斜

　　　　　　　　　　　圖 9-10

行勢。

5. 單劈腿

　　單劈腿是接手制肘拉涮捋帶後，再用腿向前側方踢，將對方距我較近的一條腿踢起，腳前踢的同時手向後拉，上下勁力相合，方向相反（圖 9-9、圖 9-10）。

6. 潑刀式

　　潑刀式是抓手捋帶，用一手從對方的臂下摩擦下滑至肩頭黏靠，用肩、背、肘、手向外旋轉橫擊，下部用腳勾絆住對方的腿下部而見跤（圖 9-11、圖 9-12）。

7. 狸貓上樹

　　狸貓上樹主要是用裡勾外咬的腿法，用腳管住對方的下部，上部再用單、雙推掌（圖 9-13、圖 9-14）。屬於下

圖 9-11　　　　　　　　　　圖 9-12

圖 9-13　　　　　　　　　　圖 9-14

勾外發的方法。

8.腰斬式

　　腰斬式是拗步巧勾腿的變手，拗步要手如圖 9-15 所示，斜行拿手推肘對方可以化掉，接手制肘拗步勾腿斬腰

圖 9–15

圖 9–16

圖 9–17

圖 9–18

推按更為嚴巧（圖 9–16）。

9.鑽口袋

鑽口袋是雀地龍、穿襠靠的變式，先抓拿捋帶，順勢向對方的腋下鑽頭，用手向對方襠內上挑，挑時要腰、肩、背用力（圖 9–17、圖 9–18）。

圖 9-19　　　　　　　　　圖 9-20

10.攔馬捶

　　攔馬捶和潑刀式相似，抓手接肘順勢上步勾扣，另一手同時握拳揮臂橫肘外開（圖 9-19、圖 9-20）。此式用腰、背、肩、肘發力才行，是勁向相反、勁力相合的挾剪之技。

11.雙推碑

　　雙推碑是少林拳的特色拳法，也就是岳武穆王的雙推掌虎撲子、八卦拳的雙撞掌、太極拳的雙按掌。用時都要臀尾對拔，抽身縮骨發力，凡是用推掌時，下部勾腿用狸貓上樹法更為好用（圖 9-21、圖 9-22）。

圖 9-21　　　　　　　　圖 9-22

圖 9-23　　　　　　　　圖 9-24

12.跨步勒馬

　　跨步勒馬是接手挎臂，然後向邊門一側閃讓用踢（圖
9-23、圖 9-24）。實際上是挎臂踢、架梁跤、扒脖攔踢一
類的方法。

圖 9-25　　　　　　　　　　圖 9-26

13.雲環步

雲環步是玉女穿梭的變手，走邊門用順步的為穿梭手，走中門或邊門專找拗步勾腿為雲環步（圖 9-25、圖 9-26）。斜飛勢是挎臂，雲環步是向側面托肘拗步勾推而摔。

14.小鬼推磨

小鬼推磨是用正反拉涮的手法，抓肘扒脖頸，使其轉動失重後再用抹脖踢（圖 9-27、圖 9-28）。

15.上步大靠

上步大靠是拗步巧勾腿的變勢，一手拖肘捋臂，另一手橫向轟打、斬腰撞靠（圖 9-29、圖 9-30），但腳下必須拗步巧勾。

圖 9-27　　　　　　　　　　　圖 9-28

圖 9-29　　　　　　　　　　　圖 9-30

16.抓臂背摔

　　抓臂背摔首先要抓手拿臂，正反拉涮使對方失重後，再順勢背步，抓臂吻肩，彎腰低頭凸臀而見跤（圖 9-31、圖 9-32）。此法屬於跤術的揣摔法，抓臂扒脖也可。

圖 9-31

圖 9-32

圖 9-33

圖 9-34

17.拉臂橫抹

　　使用方法是裡外抓臂蓋手後，先向前拉採，然後順勢借力揮臂橫抹（圖 9-33、圖 9-34）。此法是抹脖腳的變手，順拉橫抹用腳、手反向給力而見跤。

圖 9-35   圖 9-36

18. 金蟬脫殼

金蟬脫殼與大象捲拋相似，用正反拉涮法，一手抓肘部二節子鑽頭過肩、另一手拍臀而見跤（圖 9-35、圖 9-36）。

19. 蘇秦背劍

蘇秦背劍是扛肘的變手，此類的方法必須先反向拉涮，把對方的胳膊過頭扛在自己的肩上，背步插腿用崩法，用拗步手別而見跤（圖 9-37、圖 9-38）。

20. 金鈎掛環

金鈎掛環和順手牽羊相似，抓手纏臂如圖 9-39 所示，用上領帶下攔踢而見跤（圖 9-40）。廣義地講，凡是用腿裡勾外咬的都是金鈎掛環法。

圖 9-37

圖 9-38

圖 9-39

圖 9-40

21. 掌手雷

　　少林拳掌手雷的發展是形意的劈拳，八卦的單換掌、孤雁出群，太極的按掌。都是一手接手托肘，一手用掌外發打摔一體（圖9-41、圖9-42）。也可用外刀勾發手而見跤。

圖 9-41　　　　　　　　　　　圖 9-42

三、太極拳摔法

1. 攬扎衣

戚繼光三十二勢的攬扎衣，實為攔扎之意，用於摔法是跨邊門、走中門用抱裹，如同獅子張嘴，是傷筋錯骨的靠撞、抱裹捆拿法（圖 9-43、圖 9-44）。是太極引化拿發的主要手法，戚繼光三十二勢拳法開式之首法。

2. 六封似閉

六封似閉也叫如封似閉，是用岳武穆王的三體式雙推掌平推直按、陰陽回環手變化而來。先搭手抓拿（圖 9-45），用摘撞掌外倒勾、力劈反爆側摔（圖 9-46）。

圖 9-43　　　　　　　　　　圖 9-44

圖 9-45　　　　　　　　　　圖 9-46

3.單 鞭

　　用一手托肘入肩，一手按胸，然後托肘手順對方背部下滑摸手，順勢揀腿按摔（圖 9-47、圖 9-48）。單鞭如劈拳，勁力意達指尖似鞭。抱臂用肩進步撞，勾腳放手揀腿劈。

圖 9–47　　　　　　　　　　圖 9–48

圖 9–49　　　　　　　　　　圖 9–50

4. 白鶴亮翅

　　挑架側踢裡外槓。抓臂上槓腋下（圖 9–49），下部用腳攔踢（圖 9–50）。也可正面雙接手，順肩捋拿肘部用拉變插臂、裹脖槓別摔。

圖 9-51   圖 9-52

5.斜行拗步

所謂拗步是指左腳對右手或右腳對左手十字找勁。接
手捋帶用腳巧勾，上身用橫撞（圖 9-51、圖 9-52）。也可
擰身拗步橫劈下砍，接手抓肘戳窩走。

6.前趟拗步

推托手邊門外擺步三倒把抓手蓋臂（圖 9-53），迅速
上步抹踢，為前趟拗步（圖 9-54）。

7.初收

初收、再收均為蓄合縮就之勢，實為動中縮勁，邊門
接手（圖 9-55），用腳勾住雙手推撲（圖 9-56）。用法是
內外掛腿雙掌平按直推，實為岳武穆三體式虎抱頭虎撲撞
掌。

圖 9-53　　　　　　　　　圖 9-54

圖 9-55　　　　　　　　　圖 9-56

8.披身捶

　　抓手拿肘（圖 9-57），向自己背上拉涮為披，背步用揣扛摔（圖 9-58）。抓臂上肩下抹拍臀摔，有一字披、十字披的用法。可變背步手別反蹩摔法。

圖 9-57

圖 9-58

圖 9-59

圖 9-60

9.倒捲肱

倒捲肱是退揀法，接手捋肘，前按下揀，其勢圓轉倒捲（圖 9-59、圖 9-60）。

圖 9-61　　　　　　　　　圖 9-62

10.閃通背

閃通背也叫三通背，肩、臂、背相合之意。實際應用時好似雙手抓拿一口袋糧食向肩上輪背，抓手挎臂（圖9-61），雙手合力外掄內涮，內涮外掄。閃通背是圓在腰背，與背步用揣摔法相似（圖9-62）。

11.雲手

圓轉橫滾為雲，是岳武穆王的雙推掌演變陰陽回環手橫打法。有外雲進步和內裹退步兩種手法。外雲屬於進手，對方來我則引，一引便進，上步畫切，下部用外倒勾（圖9-63、圖9-64）。

12.高探馬

接手托肘下勾上劈，八卦叫孤雁出群，形意叫掌手

圖 9-63

圖 9-64

圖 9-65

圖 9-66

雷，用時有拂鐘無聲之妙。進步邊門入襠內裡勾外咬（圖
9-65），上部外推胸部，下部掛腿砍撞摔（圖9-66）。接
手制肘探面掌，有手就是下攔上劈掌。

　　　　　　　　　　圖 9-68

13. 小擒打

接手制肘，擒住再打之意。上用拉，下用插；下用勾，上用發，是岳武穆王、戚繼光的擊無不中之法的具體應用。太極拳的引化拿法，先引化擒拿，再翻掌外發，一手向外推按，一手向下砍拍對方腿彎處（圖 9-67、圖 9-68）。

14. 旋風腳

先接手制肘，用螺旋力將對方拉涮成背勢後（圖 9-69），再用反踢（圖 9-70）。是拉涮潑腳踢的用法，都是首尾勁向相反、勁力相合之用法。

15. 抱頭推山

抱頭推山是先顧抱護住我方的頭面部，再用雙按掌變虎撲，由內向外裡勾外咬。先接手托肘（圖 9-71），窄身

圖 9-69

圖 9-70

圖 9-71

圖 9-72

疊步由邊門變中門，再勾腿推按（圖 9-72），用虎口卡托
對方的腋下向上推撲。

16.前後招

前後招是閉肘護肩法，顧下方破對方踢腿（圖 9-
73），再向前靠打撞摔（圖 9-74）。也可用招前打後法，

圖 9-73

圖 9-74

圖 9-75

圖 9-76

用腦切子、撐磨腿，實質上是首尾相應法。

17. 野馬分鬃

接手托肘，先扣肘探掌要手，另一手穿入對方的腋下，下部套腿向側面抱裹靠摔（圖 9-75、圖 9-76）。可用纏管、架梁踢摔。

圖9-77　　　　　　　圖9-78

18.玉女穿梭

上推下勾法。外雲領手穿靠（圖9-77），再滾臂推
摔，下部必須用外倒勾（圖9-78）。也可用抓手拿肘，向
上托肘變虎撲推摔。

19.金雞獨立

下砍上撞、裡勾外咬、槓別等法，凡是用一腳獨立支
撐站定的功法，都是金雞獨立。扶臂抓肘，擰身變臉向後
挑勾（圖9-79、圖9-80）。

20.退步壓肘

退步壓肘也叫退步撞肘，俗名鐵門栓。先接手托肘用
拉捋法（圖9-81），再用橫肘擊打對方胸部，同時用腿後
別（圖9-82）。

圖 9-79　　　　　　　　　　圖 9-80

圖 9-81　　　　　　　　　　圖 9-82

21. 雀地龍

　　盤肘入手，托臂鑽頭入對方臂下（圖 9-83），穿襠撈腿用肩扛摔（圖 9-84），受阻再變半過橋摔。

圖 9-83   圖 9-84

四、八卦掌摔法

1.抱月擠靠

　　抱月擠靠是獅子張嘴、攬雀尾的變手，使用時進中門或上邊門接手抱臂靈活應用。如邊門接手抱裹（圖 9-85），內裹外放上下攔打（圖 9-86）。接手和玉女穿梭掌接手法相同。形意拳的獅形，太極拳的攬扎衣、攬雀尾也都是此種入手法。

2.天馬行空

　　是托肘劈拳的用法。接手托肘，上用撞身掌，腳下用拗步或順步勾腿均可（圖 9-87、圖 9-88）。和高探馬掌手雷用法相似，可變撐磨腿。

圖 9-85　　　　　　　　　　　圖 9-86

圖 9-87　　　　　　　　　　　圖 9-88

3.十字搬摟

　　接手屈肘抱臂圈拿對方手臂，回纏前崩（圖 9-89），再發撐身穿手撞掌（圖 9-90）。使用時要用狸貓上樹勾腿法。

圖 9-89

圖 9-90

圖 9-91

圖 9-92

4.腦後摘盔

　　走邊門推挗手，擺扣步過頭摘撞掌，手長身縮，抬臂
盤頭（圖 9-91），再用手向前推撲，下用狸貓上樹勾腿法
（圖 9-92）。

 圖 9-93　　　　　　　　　　圖 9-94

5.老僧披衣

八卦掌正反拉涮法，目的是讓對方移動到我方後背
處，因形似披衣而得名。抓手扒脖順勢拉涮，然後迅速用
裹脖打別而見跤（圖 9-93、圖 9-94）。

6.金雞撒膀

先將對方拉涮成背勢（圖 9-95），再下勢揀腿用摔
（圖 9-96）。順步用肩前靠或用斬腰式均可。

7.移花接木

移花接木是倒手扒脖、正反拉涮手法。接手制肘倒手
（圖 9-97），下勢順身下摸揀腿用跤（圖 9-98）。接臂倒
手，拉涮後隨勢用虎撲劈按見跤也可。

圖 9-95　　　　　　　　　　圖 9-96

圖 9-97　　　　　　　　　　圖 9-98

8.猛虎出枰

　　「出枰」是在對方手臂下鑽出鑽入之意。偏門接手抱臂進中門，舉臂內鑽向前撲撞，下邊同時以勾腿狸貓上樹（圖 9-99、圖 9-100）。

圖 9-99

圖 9-100

圖 9-101

圖 9-102

9.大蟒翻身

抓手扒脖（圖9-101），向邊門跨步（也可用格登步）用槓別（圖9-102），是背步擰身長腰走臉槓別之功法。

圖 9-103   圖 9-104

10.鷂子鑽天

外接手向上穿手翻掌撲打，腳下用勾（圖 9-103、圖 9-104）。

11.橫掃千軍

抓手蓋臂，隨對方之力迅速變手外開，腳向裡掃踢（圖 9-105、圖 9-106）。是戚繼光旗鼓勢、少林拳潑刀式的變手。

12.黃鷹掐嗉

接手推肘，倒手抓頸喉，再用腿外勾回攔，手虎口卡頸前推（圖 9-107），也可用一把抓住喉頭下採打摔（圖 9-108）。

圖 9–105

圖 9–106

圖 9–107

圖 9–108

13. 野馬亮蹄

　　抓臂扒脖回拉（圖 9–109），一腿插入對方襠內用腳後跟外咬勾掛，手上用力向外推切（圖 9–110）。是跤術得合樂的變手。

圖 9-109

圖 9-110

圖 9-111

圖 9-112

14. 走馬活夾

　　接手抓肘，另一臂屈臂橫肘黏靠住對方胸肋，再摩擦下沉，接著沉身用肩背吻貼對方腋下，用手抓抱住對方臀部或腿部，再反背掄摔（圖 9-111、圖 9-112）。

圖9-113　　　　　　　　圖9-114

15.犀牛望月

與推窗望月相同，外蓋捋手，沉身用肩吻貼後，再提肘側推掌套腿摔，受阻可速變順勢揀腿（圖9-113、圖9-114）。

16.葉底藏花

在對方臂下出手用法為葉底藏花。捋手托肘，舉臂過頭，用另一掌撞擊對方腋下心肋部，下邊用勾，上撞下勾（圖9-115、圖9-116）。

17.黑熊探掌

它與太極拳的單鞭、高探馬，形意拳的劈拳、罩面掌相似，用邊門向裡接手捋拿（圖9-117），下用畫步切別，同時向對方面部打撲面掌（圖9-118）。

圖 9–115

圖 9–116

圖 9–117

圖 9–118

18.孤雁出群

　　接手制肘旋轉上托（圖 9–119），上用穿梭、炮拳手法，下用裡外倒勾摘撞掌，用單掌推撞（圖 9–120），也就是上撞下砍的托肘劈拳。

拳道功法學

圖 9-119

圖 9-120

圖 9-121

圖 9-122

19.獅子張嘴

抱臂吞拿為獅子張嘴，邊門接手托肘反涮用砍撞、穿梭摔、抱臂手別。斜身插中，抓臂裹抱，用分筋錯骨之法而拿摔（圖 9-121、圖 9-122）。

圖 9-123

圖 9-124

20.獅子滾球

接手拿肘反涮（圖 9-123），用崩腿手別滾轉前摔（圖 9-124）。上切下拍錯腿為側滾法，接手捋肘順手牽羊拍肩滾背為正滾法。

五、形意拳摔法

圖 9-125

1.烏龍翻身

抓手抱脖（圖 9-125），翻身長腰甩臉，臀崩尾甩打杠別（圖 9-126）。是吻槓別的基本摔身法。

2.烏龍擺尾

外蓋回環手，龍形臥步，手腳外擺裡合，挾剪之技

圖 9-126

圖 9-127

圖 9-128

圖 9-129

法。裹脖抓臂（圖 9-127），用挑勾法（圖 9-128），為龍擺尾向上翹打的勁力。

3.捌手虎撲

雙推掌暗藏肘法是虎形，用腳勾掛為獅形。拳跤不知勾掛法，就不知道手腳齊到的真意。接手向裡滾轉再變向外捌勁，抓手切肘沾掛（圖 9-129），再迅速用外倒勾虎

圖 9-130

圖 9-131

撲（圖 9-130）。

4.虎尾鞭

接手托肘，走邊門上步畫切槓別（圖 9-131、圖 9-132）。用手外抹劈砍也為鞭，是招前打後之法。

5.白蛇撥草

圖 9-132

上邊門外蓋手，順肩下摸變揀腿，並上步前靠用肩撞（圖 9-133、圖 9-134），蛇形肩打滾臂裏胯或揀腿摔。

6.白蛇挑領

挑有腳前挑抹脖，手挑有架梁腳，向後裏脖有挑勾，

圖 9-133

圖 9-134

圖 9-135

圖 9-136

鑽身入襠挑領有過橋摔。抓手挑肘（圖 9-135），再過頭吻肩拍臀挑摔（圖 9-136）。

7.野馬調尾

抓腕抱臂，伸腿崩臀用支臂別（圖 9-137、圖 9-

圖 9-137

圖 9-138

圖 9-139

圖 9-140

138），背步凸臀崩腿、長腰走臉用吻別為調尾之勢，凡是拉涮上步入胯用吻崩均為調尾法。

8.鷂子翻身

回捋抓臂裹脖用吻崩，背步向後碰腿（圖 9-139），

圖 9-141　　　　　　　　　　圖 9-142

再翻身以腳跟為軸擰腰擺膝，下揀上推（圖 9-140）。抱反撞也是順力翻身上撞下砍法。

9.金雞抖翎

我方一手抓手，一手向上挑肘（圖 9-141），先上挑領再按住對方膝部用手別（圖 9-142）。用手別轉摔均要發抖勁。

圖 9-143

10.金雞報曉

接手穿肘向上杠挑滾打（圖 9-143），上挑後順勢勾腿前發摔法（圖 9-144）。形似玉女穿梭的用法，進中門

圖 9–144　　　　　　　　　　圖 9–145

用金雞掐嗉也可。

11. 燕子抄水

所有的下勢揀腿都叫
燕子抄水，如外蓋手順勢
揀腿、正反拉涮下勢揀
腿、拉二節子下勢揀腿，
巧在下勢順身背下滑找腿
而揀（圖 9–145、圖 9–
146）。

圖 9–146

12. 小燕回巢

小燕回巢用的是來回勁，手別反纏管，對方僵勁時，
支別回返斜飛勢，再用手別（圖 9–147、圖 9–148）。

圖 9–147

圖 9–148

圖 9–149

圖 9–150

13.駘馬撞槽

用的是下勾上撞法。下勾上撲，拗步上撞下砍（圖 9–149、圖 9–150）；順步可用肘撞腿別，如鐵門閂。

圖 9-151　　　　　　　　　圖 9-152

14.駘馬蹶踢

用抓倒進退步打蹶踢跑勾，抓手制肘抱脖用背步拉揣，迅速用腿向後上挑打（圖 9-151、圖 9-152）。

15.游鼉戲水

用陰陽回環手變手，內纏手拉涮（圖 9-153），前領後轟下崩別（圖 9-154）。裡外蓋手順勢砍抹也可。

圖 9-153

16.游鼉爬浪

外接手扒肩勾脖，八卦轉走（圖 9-155），倒把正反

圖 9-154

圖 9-155

圖 9-156

圖 9-157

旋轉使對方失去重心時，再順勢攔踢（圖 9-156）。

17. 白猿獻果

走邊門接手制肘（圖 9-157），進中門用腿裡勾外

圖 9-158

圖 9-159

咬，同時用手托切喉部和下
巴，上撞下砍（圖 9-158）。

18. 黑熊反背

接手制肘正反拉涮，將對
方拉涮到自己的背上，背步擰
身反背而摔（圖 9-159、圖 9-
160）。拉步揣，大背挎，也
是反背之力。

圖 9-160

19. 黑熊調膀

接手制肘拉涮（圖 9-161），倒把捋帶用肘打，順勢
向邊門上步肘切腿別（圖 9-162）。裡勾外擺用肘橫打，
俗稱「鐵門閂」。

圖 9-161

圖 9-162

圖 9-163

圖 9-164

20.起手鷹捉

單手扣如鋼鉤是鷹捉手，雙手接手制肘為獅子張嘴手。伸手抓拿扣如鋼鉤，探面要手抓劈（圖 9-163），隨即倒手托肘拗步巧勾摔（圖 9-164）。

圖 9-165   圖 9-166

21.鷹形盤涮

鷹形盤涮主要是要有起手鷹捉，倒手刁臂，八卦轉走，順勢上拍背部下攔腿摔，拗步擰涮盤旋踢抖（圖 9-165、圖 9-166）。

第十章
形意、八卦、太極拳用法八字回環圖說

一、八字概論

形意、八卦、太極拳用法八字分別是「斬截裹胯、挑頂雲領」，「搬攔截扣、推托帶領」，「掤挒擠按、採挒肘靠」。名雖曰三拳，但實是一體不二之術。都是圍繞著陰陽變化這個載體，形意拳突出的是拳術內經之精，八卦掌突出的是剛柔之術，太極拳突出的是變化之法。

二、形意拳用法八字回環圖說

形意拳用法八字中的斬截裹胯用法圖說，開勢是正身三體式，側身護肩掌，右手在前，左手在後時，如圖10-1所示，右前手先斬截對方來手，左後手倒手用移花接木，右手再向前劈按。用時兩手不離懷，兩

左後

右前

圖 10-1

左前　　右後

圖 10-2

左前　右後

圖 10-3

肘不離肋，守中用中不離中，裏顧胯步。左手在前，右手在後時如圖 10-2 所示，用法相同，惟方向相反。

　　形意拳用法八字中的挑頂雲領用法圖說，左手在前，右手在後時，如圖 10-3 所示，挑頂雲領是裏顧一體之用，右後手守中回環轉撥前發一圈之變，左前手用摘撞換掌，動中縮勁卷裏開合，顧打一體。右手在前，左

左後　　右前

圖 10-4

手在後時，如圖 10-4 所示，用法相同，惟方向相反。

三、太極拳用法八字回環圖說

　　太極拳用法八字中的掤捋擠按用法圖說，開勢用三體式（太極叫五行步）側馬步，右手在前，左手在後時，如圖 10-5 所示，右前手先斬截沾接對方來手，左手在後沾臂

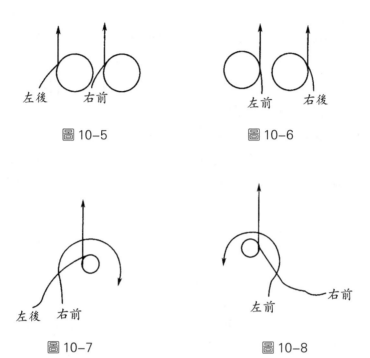

圖 10-5

圖 10-6

圖 10-7

圖 10-8

制肘，左右手回将再向前擠按。用時兩手不離懷，兩肘不離肋，守中用中不離中。掤将擠按是吞吐開合一勢一圈一氣之變。左手在前，右手在後時如圖 10-6 所示，用法相同，惟方向相反。

太極拳用法八字中的採挒肘靠用法圖說，開勢側身半馬三體式，右手在前，左手在後，如圖 10-7 所示，右前手用鷹抓採拿，左後手隨身裏中側進，回環擺肘而用，肘手連環頂心撇面，動中縮勁捲裏開合，顧打一體。採挒肘靠是裏顧屈肘靠打一體之用。左手在前，右手在後時，如圖 10-8 所示，用法相同，惟方向相反。

四、八卦掌用法八字回環圖說

八卦掌用法八字中的搬攔截扣用法圖說，開勢身斜勢正，走轉接手，旋轉用圓。右手在前，左手在後時，如圖10-9所示，右前手先斬截沾拿搬攔對方來手，左後手拖肘進身，右手再倒手向前打出，如搬攔捶一般。用時兩手不離懷，兩肘不離肋，守中用中不離中，引化使彼偏中而用，是旋轉、吞吐開合一勢一圈一氣之變。左手在前，右手在後時如圖10-10所示，用法相同，惟方向相反。

八卦掌用法八字中的推托帶領用法圖說，右手在前，左手在後時，如圖10-11所示，推托帶領用時裏顧引化到身前其勁已蓄，蓄而後發。來回勁一體之變用，右前手用鷹抓採拿，左後手制肘隨身轉引側化，下攔上拍，腳手對錯合力用摔法。八卦帶領轉走不空轉，接手拿肘扒脖，正反拉涮轉走檁打，順勢揀腿。左手在前，右手在後時，如圖10-12所示，用法相同，惟方向相反。

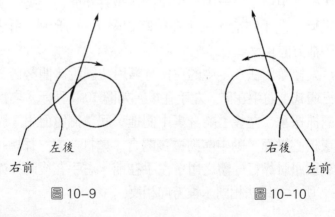

右前　左後　圖10-9　　　　　右後　左前　圖10-10

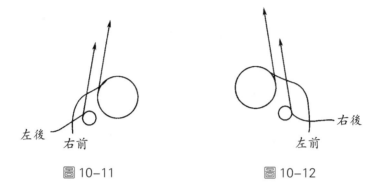

左後　右前　　　　　　　　左前　右後

圖 10-11　　　　　　　　　圖 10-12

五、岳武穆王雙推掌變陰陽回環手圖說

　　形意、八卦、太極拳的變化手法，不論叫什麼名稱，其理都是仿天地之道，道又統拳法之變。

　　手的起落鑽翻，往返進退伸縮之法，前穿回勾，身手的正反撐轉，順逆纏繞，上下左右起落開合旋轉，動靜虛實變化，都屬陰陽變化的範疇。其手法慢似一環圈，快似亂環圈，快慢都是在懷中磨轉，轉圓走化定方用，方圓變化勢無窮。左右手正反回環旋轉變化圖形，如圖 10-13、10-14 所示。

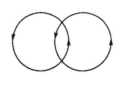

圖 10-13

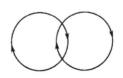

圖 10-14

第十一章
李雲龍師傳
岳氏八翻手圖說

一、八翻手簡介

「八翻手」也稱「岳式連拳」，其法由岳武穆王「散手連拳」變化而來，由清朝光緒年間的形意、八卦巨匠名手劉敬遠（字德寬，外號大槍劉）編創，同門高手雄縣劉仕俊精散手及太極，後研習八翻手，傳與紀子修（紀子修是楊露禪的入室高足，功夫精嫻，達爐火純青之境）、許禹生、吳鑒泉、劉恩綬（字殿生，是劉德寬高足）。劉恩綬將八翻手傳山西汾陽縣王新午，王新午先生又拜紀子修、吳鑒泉學習太極拳。

我師李雲龍、師叔王錦泉於 1930 年在山西太原，同拜王新午為師學習太極拳和八翻手。王新午精形意、八卦、太極拳，丹田內功純正，四肢八節堅硬如鐵，身法捷如猿豹，聞名而至者，一經試手無不敗北，是我國大江南北一代文武雙雄之宗師。王師云：「考國術之真義，剛柔不可偏廢，著勁固未忽離，精於剛招者，必明乎柔勁；逐於柔

勁者，自曉乎剛著。劉公敬遠編創岳氏八翻手，參岳武穆王形意拳內經之精，八卦剛柔相濟之法，太極變化之術，並述其原委，俾少林之真。」八翻手是形意、八卦、太極、少林拳之精華匯集之術。

二、八翻手之特點

八翻手能練體魄之健康，拳式簡單，動作平和，富於興味，外形有整齊雄壯之特色，並易於收變通之效。打拳習武不同於其他運動，主要為禦悔除暴，以求應用為最要。八翻手式式有招，招招有勁，剛柔進退變化神奇。出手專搏敵人之要害，毀傷敵人之四肢。其用以制勝者，為掌為拳。其招之主要者，為捆為拿，必制敵於死命，不容其有絲毫抵抗耳。故剛而有應變性，柔而有警惕性，上制敵手，下制敵步，以側勢護肩掌藏身，起手就鷹捉，抓捋當先，捋打擒拿、推按攔截、肘靠滾壓、捆鎖擠擲，應有盡有，千變萬化隨心所欲。

三、王新午大師論八翻手

余今約略編述此拳法即竟，例應為總概括之言論，以結束之。惟賦性偏率，雅不欲浪費筆墨，徒快口悅耳，且深惡世之大言惑人者。以健身禦敵之技，從為茶餘酒後之談，筆為喜笑怒罵之句。或爭門鬥派競長雄，或挾神話以愚人，或騁文詞之淵博，窺其立意，不外射利求名而已。然其自私之過小，欺人之過大。吾人生當國術中興之時，

圖矯其弊而補救之，莫若以實際與理論，冶為一爐，腳踏實地，不尚空談。雖有班馬之筆，義秦之口，第問其能否先行其言而後從之。非然者，僅可以過眼浮雲視之，蓋今有得一知半解，亦當孰筆學為如此之文者矣。圖以考據詞藻相標榜，而於國術實際之精義，而從未夢見。此有何貴之論，超超之著哉，余深惡之。余弗欲自韜之，是惟有即其已知，尚未敢信其能者。書其大略，而勉其所不知不能矣。願國術同志，多加意於實際應用之研究焉。

岳氏八翻手拳法，簡單明晰，最宜演習。視為健身方可，視為禦悔之具亦可。然人有疑其簡易，以繁複為喜者，蓋不知國術之應用，貴精而不在多。少則易用，多則難精。精一招一勁而名世者，不乏其人。況一著一勁之精，而萬著萬勁咸具乎。

八翻手隨八路，其變化已屬無窮，精者足以致用。即精而後求多，所謂學然後知不足也。此拳各路，精熟變通為要。八翻手必知如何行之而後有功也，此拳八路，有七路以側身護肩捋手當先，援手在後。演練之時，須存對敵之意，出手高低尺寸，必合有與實際適附之把握。應沉著，毋輕脫，而手眼所至，全神貫注，如鷹之搏兔，貓之撲鼠。用步之法，須有進有退，前、後、左、右、中，皆可變化移動。設敵靠身過近，則步須後移，而移動之尺寸，以適合捋制敵手之機為依歸，變化神速。左右之移動，莫不皆然。故演練之時，更應存變化之意，則步之動作，富警覺性。但以拳式動作有則，故未可率義改變。余因創為演練應用捋手，以合於實際之法。當演練拳式完畢，或另一方法，甲乙二人可對練捋手，甲存心用捋手，

乙存防範之意，雖其自然左右進退轉捋，如同陰陽圖中兩魚對轉。數月之功，即可自由應用而不失機者，其效不可謂不速矣。其他實際應用法若干，動作反覆，學者可綜此意而為之。各路所包之法，或練鎖拿，或練捆擠，因勢類推。

打法則示意而已，此原則之理，即發展人身自具固有之良能。而合於拳法之應用，久之則各種著勁均成自然。無意而皆意，不法而杰法。如演練攻人之著，除以法進攻外，對於敵之來手，盡自然能力防範之。演練防範人之法，則依法防範敵手外，盡自然之力，有隙即進攻之。總期發揮天賦自然之良能，而合於拳法所包之著勁。其效甚速，自可成為特殊之能力，而適於對敵之應用。

八翻手拳路之編創，包羅富有，能盡通之者，蔚為全才。吾人相互演練應用，不過為輔助之法，得一而漏萬，則不可也。故所謂行功者，於演練姿勢之外，再求適當之輔助，而以之實施於應用耳。

大成之道，仍在姿勢。此拳演練姿勢，約分二期，初學一期，以極端開展，沉著有力為要。所以流通血脈，暢發筋肉，堅固骨骼也。行之不懈，則百病自消，有力如虎，身堅膽壯，可以致用。此為一期。

繼則姿勢漸求緊湊，含蓄內勁，剛而不發。手眼身法步，活潑靈敏。拳中著勁，發於無形。動著有意，意至之處，著勁隨之。一動一靜之微，其變化莫能察矣。日進不息，如天之行健，積以歲月，其道大成。此為二期。能行純功者，一期二年，二期三年，約五載而有成。

至其輔助演練之法，對練之功隨時體驗之宜，尤不可

忽焉。昔日有言，演習者面前無人似有人，應出其全力以赴之，意之所到，情能逼真。是以論國術之功行，不以學習之年數多寡為標準，盡視其能否用意及變動虛實之合理與否為判斷，練年數雖多，而不明意者，謂之盲練。除健身之外，別無功行可言，余為三年有成者，即指此也。行功之道，必日有進步，斯為正規，今日所不知，至明日而知之，今月所不能，至下月而能之。無間斷之時，無歧路之誤，堅持三年千日餘，不為不多矣。進一步修練的方法同前，然求演練與應用相合，為意尚多。今更摘言之，其要者曰拳、曰掌、曰步是也。

（一）拳之形式，四指捲緊，以大拇指捏食指之中部，握拳如捲餅，平時如行路或獨坐時，即捲拳如式，由漸而緊。至拳緊力盡，再徐徐放開，兩掌相合，往復摩擦，以活其筋骨血液。每日堅持數小時為功。初練捲放之功，則手指脹痛，動作不靈，惟以漸增加，至久成為習慣，而遂安之。雖執繡花針，作蠅頭小字，亦不減其往日之靈妙也。

練功要伸舒鬆靜，勿求過急，以成為習慣，不害其他工作為原則。拳之應用，向前擊者為擊面、擊心、擊襠三部位也。即玄關、中脘、下丹田三要害穴位，世講死穴，重擊則死。擊面為立拳者，用腰發撞勁。以拳關節名為反背捶者，為榨勁和顛勁，發自肩臂。擊心之拳者，為鑽勁、點勁和滾切勁，發自全身。以身催肩臂，肩臂催拳，一發而莫阻。

擊襠之拳者，為栽勁和插勁，發自脊背。凡此前擊之拳，貴沉著而忌太過。欲得機勢，宜求之腰腿。向左右應

用之拳，上擊頭部者，用拳底橫貫兩鬢，為貫勁和榨勁。發自腰脊，中擊腰肋者，為榨勁，發自肩背。中下擊栽拳者，為栽勁，務須全勢下擊。翻身向後用拳下壓敵臂者，為壓勁和合勁，進則沖擊，拳法實施之用也。用拳變化，或挑，或格，或鈎，或攔，則腕膊之勁始於足。

（二）掌之形式與應用，抒手約為撲勁、撇勁、貫勁、切勁、推按勁、擒拿勁、搬扣勁、發勁、挑勁、摟勁、摸勁等，其形式應用而異。本拳法用掌處，半主於撲，擊擒拿半主於詿誘驚敵。如取勝之果，仍專恃用拳。在各路中，掌法當屬虛招，此則與用掌致勝之國術，其立意原不同耳。

（三）步法形式，本拳法在應用上，貴於專精，而不恃多，此正八翻短打之獨到。各路步法分五步，向前應用，為盤旋步，重在鈎扣敵腿，上抒敵手，下制敵步，為打無不中之計。近敵而後，即用沖步，前進後跟，動中縮勁，所向披靡。翻身向後，斂步當先，以退為進，後即是前。左右開步，意在逼敵，愈近愈穩，貴有把握，窄身疊步，此為變正中法。遇敵倉猝，變化在身，得勢即進，前後左右中五步，面面俱到。千變萬化，存乎其人。各種拳法也不過五步而已。五步之中亦有進無退，此五步之真意也。

用步須下勢，不問其為乘騎步，弓箭步，沖步，斂步，各種步要義則一，拳法、掌法、步法大略如此。其外指、腕、肩、肘、胯、膝、足等之用，全身重在連貫相合，勿為拳法所拘者為上乘。

其妙在於有意識的用意之演練。

四、岳氏八翻手拳法圖說

第一路　抱拳掙捶

用法歌訣

三體開式觀眼前，雙拳抱裹左右轉。

斬截黏逼莫等閑，圓轉擺肘顧心面。

四面用橫一轉圓，肘手三角打連環。

抱裹肘臂捆拿法，四面用橫找中發。

三體式開勢

三體式開勢, 雙手自頭面兩側合抱於身前小腹部，左右兩拳頭相對，屈膝下蹲（圖 11-1）。右手握拳起鑽，上左腳、向前劈左手為三體式（圖 11-2、圖 11-3）。形意拳有萬法出於三體式之稱，其要領為八字九歌，動則為拳，靜則為椿，技擊精奧隱於此中。八翻手開勢均以此式變手。

圖 11-1　　　　　　圖 11-2　　　　　　圖 11-3

第一式　開勢抱裏拳

左腳內扣，身體右轉 90°，雙手回捋抱拳，步法為乘馬式，兩拳由面前直向上，拳心向內旋，肘尖下沉。勁力由外向內抱，拳與肩平，兩臂上屈，兩肘貼胸，肘尖向下，脊骨豎直，臀部內收，眼平視，兩手作抱裏式（圖11-4）。兩腳須用力著地，不稍動搖，姿勢須平正，運用腰脊之力，達於兩拳，以馬步曲蓄待發，準備轉化斬截棒壓，或抱臂轉拿抖發。

圖 11-4

應用法： 凡敵手擊我胸腹各部，均可用此式向左右格攔棒壓，或合擊其肘腕關節，稍觸即發，更繼以進攻，其勢甚靈捷。

第二式　拗步擰身

以左腳腳跟為軸用力，兩腳附地左扭，上身左轉 180°，使兩腿交叉相合，右膝抵在左腿膝彎處，兩腳成丁字形，左腳全部著地，右腳腳掌著地，後踵翹起（圖11-5）。兩手抱拳如前不變，拔背坐臀勢下沉。練習要點為擰身時腳力上提，則扭轉輕靈，尤須用力平均，上下相合，兩腳著地要穩固不搖，綿密緊湊，定而後發，

圖 11-5

用力不得有過與不及之弊。

應用法：敵拳或掌，若當胸擊來，即由外以兩臂搭其來手下壓，或以兩臂猛力截擊之。同時擰身吃住敵臂，進逼敵身，惟吃敵臂時，前手應緊壓敵之上臂中間，將其臂壓貼其身，使不能得力，後手搭壓其前臂，準備進擊，如弓之引滿待發也。

本路各著，皆主防人，第二路至第八路多主攻人。此式擰身應用，意在逼敵，而攻其來攻之手。變化雖多，即如左手被敵左手拿住，即順勢後撤左肘，向左擰身，隨以左腕下壓敵腕，而以右拳擊敵左肘關節，敵必負痛撤脫。左右應用相同，與太極手揮琵琶，形意斬截手同然。

第三式　拗步揰捶

由前式兩拳向左右齊發，步仍不變，眼視右手。兩拳分發時，腰脊起立，全體存意下沉，全神注視敵之變化，準備應付，尤以握拳之法，四指緊排，盡力內捲，復以拇指按堵拳眼，惟拇指指尖得突出食指之中關節以外。腕與拳平直，不得仰腕彎拳，拳發出時，拳眼均向上（圖11-6）。

應用法：以前式搭壓或截擊敵臂後，順勢以右拳擊敵胸肋，凡遇敵臂被我搭壓，皆可以揰捶擊之。

第四式　領　手

由前式向懷內撤領右拳，同時右前臂由外向內滾轉帶領，至拳眼

圖 11-6

朝地為限，眼視拳心，上膊內合貼
肋，肘彎向上，左手仍如前式不
動，身向下坐（圖11-7）。領手
時身勿前傾，脊骨須豎直，左臂仍
如前高舉，與肩平，勿垂下。

圖11-7

　　應用法：領手之意，搭敵臂
後，隨彼向前之力而領帶，將力卸
之。如以右手搭敵左臂，敵若向上
挑，則運勁以腕，內撤右肘，以領
壓之。敵若向外挑，則以腕勾住其
臂，向上抬肘卸敵勁後，順勢以拳擊敵左肋。此皆就已黏
敵身而言。若尚未黏敵身，則無論敵手擊我胸部或肋腹
部，即以此式向下領格之，形意拳落如勾杆領帶也。敵手
自不能進，或以臂運勁而截擊之，形意拳截手炮用法也。

第五式　進步掙捶

　　前式領回右拳，含蓄待發，
緊接著進右步，將右拳打出，左
步隨之跟進。前進發拳時，手足
動作，務須一致，手腳齊到，勇
猛直上，動作敏捷，步法應練就
一定尺寸，落式穩固不動，勿有
反覆挪動之習慣（圖11-8）。

　　應用法：此式右拳之發，用
切滾勁向前沖出，應用之法與前
掙捶相同。如右手被敵拿住，即

圖11-8

用前式領手回捋帶，向懷內滾腕猛領之，敵手自脫。隨用此式，向外滾腕前擊，形意拳鑽翻手用法，起勢鑽，落是翻用法也。往復迅速，敵多莫測其妙也。

圖 11-9

第一路反覆接練時，向前或翻身回練均用乘馬抱裹捶式再變（圖11-9）。動作要領與前同，惟左右方向相反。

第二路　進退連環捶

用法歌訣

三體開式護肩掌，起手鷹捉不用忙。

回捋前劈罩面掌，虛實只在快與慢。

下勾上發額頭邊，兩拳往復似連環。

此路動作以兩拳往復出入，一進一退，連環不斷而得名。使敵防不勝防，禦不可禦。各種國術姿勢，以是為名者亦有之，其取意大率類此。

第一式　護肩掌捋手式

三體式開式如圖11-10所示，護肩掌如圖11-11所示。捋手捋者勁之名。右腳向前進寸步，左腳在後跟進，動中縮勁定式，兩腿稍屈，重心在後腳之上，同時右手由左側前自下而上

圖 11-10

圖 11–11   圖 11–12

　畫圓抓挬，起手如扇面，回挬一條線是也（圖 11–12）。
其手非掌非拳，如鷹抓物之狀。左手在後置於右肩前。岳
式八翻手除一路用雙拳抱裹式外，其餘七路均以形意拳三
體式變護肩掌開式。三體式乃搏兔之鷹形，護心護肋劈拳
也，其妙能盡形意拳熊鷹兩儀之精華。護肩掌側身顧前，
翻身顧後而後已成前。練法動步、動身、動手一氣做成。
身體重心前三後七陰陽分明，易進易退，攻防皆宜，神內
斂，威外露。練時眼光隨身手步之動作而領之。此手成
功，他手無不成矣，學者珍之。
　　應用法：一般情況下攻擊敵人，我先發手時，即以前
手劈拳為攻，後手護肩以肘護心。惟前手發出，須擊敵面
部，垂肘下合。敵以拗手（右手對接彼之右手或皆左手相
接為拗手）上挑，即挬其前臂回撤，亦有扣採敵衣者，則
敵必前傾，我再施以它法擊之。若敵以順手（我右手對彼
左手或我左手對彼右手為順手）上挑，則專用扣採之勁回
撤；或以護肩掌之後手，在前手肘後穿出，挬敵之臂（八

卦穿掌用法），同時撤前手為護肩掌。

在守的方面，設敵以拗手進擊我胸，即隨其來勢捋其腕，不煩先擊敵頭，誘其出手矣。如存必捋之心則非擊敵頭部，誘敵出手上挑，捋之不穩之機也。制敵貴在一近字訣，愈近愈有把握。捋臂捋腕，惟近則宜，如法以求之，十不失一，必更證明此手之神妙。

圖 11–13

第二式　上步撲面掌

接上式。左步上前一步，腳尖內扣，右腳向右轉 90°，下蹲成騎馬步，上體向右轉約 180°；同時左掌由右肩前劈撲，如形意拳劈拳然（圖 11–13）。左掌指尖向上，掌心向前，掌與肩平，眼向前看，右手稍屈，肘尖下垂，手仰腕護心，仍作捋手狀。上步後兩膝相合，兩腳抓地要穩。撲面之掌，為撲擊勁，非推勁，身、手、步三者要同時發動。打人定要先上身，腳手齊到方為真。鬆肩拔背，脊背之力注於兩手，勢要下沉。回捋與前撲之勁要上下相應，前後相合，含而不斷。撲按勁之意，如印印泥之勁，注於面門之上。

應用法：此與捋手式應用銜接，敵右手已被我捋，即上左步扣勾敵右前步，以左掌撲擊敵面，撲眼則淚出，撲鼻則火到金化而血出，撲額則仰面吊氣拔根，隨按摸發力而使之傾倒。此名摸額、抹眉、理髮，國術之普遍名詞

也。摸勁係以掌緊按敵頭額，隨頭之轉而摸。如由內向外畫一半圓，如旋如揮，繼摸勁而用之，惟同時五指攏按敵首，勿使逃遁。摸勁則主擊，指掌合力，沉印而勢速，經常多用為虛手，用以驚敵，而引其他手也。然虛實原無定見，敵能防則為虛，不能防則為實。此拳捋手摸面兩式，為拳中基礎精華。實為形意拳之三體式劈拳之功，正為三體式劈拳，斜為護肩掌八卦也。千變萬化，多由此生，學之若精，其妙有不可言傳者矣。

第三式　擒腕齊眉捶

　　左手變擒拿手下扣，重心移於右腿，再以左腳尖用力著地，足踵抬起，向後勾撤約四五寸，同時左擒拿手向懷內撤，右手由捋手變拳，自右肩上旋，齊眉上擊，拳眼向上（圖11-14）。注意左手變擒拿手時，右手之捋手，同時也向右作勁下沉。左腳尖畫地勾撤時，腰向左稍擰，左手也向左稍撤，右手之齊眉拳，須合左方之動作相應發出。

　　應用法：捋敵之右腕，擊摸面掌時，若敵以左手挑格，即以左掌下合，擒拿其腕下扣。右手也同時向右捋，使敵兩臂肘彎關節相搭，名曰「十字鎖法」。左腳扣敵右腳跟，向後勾撤，同時左手拿敵腕，向左斜拉，則敵失其重心，必撲倒於我左前方。同時再以右拳齊眉打出，擊其面部，敵必頭破血出矣。此式之關鍵，

圖 11-14

在十字交叉鎖手，敵手被鎖，無復顧慮不敗。如何鎖手應實際求其妙也。設撲面掌擊敵時，敵不挑格下按，則左手隨其按勁下搬，而以右拳直沖敵面部；或翻掌（掌心向上）托敵之臂而捋之；如不傷其頭而用跌摔時，左手斜領，右手斜劈敵之左肩根部。是為形意拳經所云「左右進取宜劍勁，得心應手敵自翻」矣。

圖 11-15

第四式　馬步沖拳

右拳齊眉前擊後，即回撤置額頭上方，同時將勾回之左腳向前邁進，右腳隨之跟進作乘馬狀（圖 11-15），注意此式右拳回撤、左拳前擊、進左步、右腳跟，四式合而為一。尤須以腰力通於兩臂，注於左拳端。

第五式　馬步沖拳再變護肩掌

由左馬步沖拳，再練時右後腳向右前方邁半步，重心坐於右腳七分勁力，左腳三分勁力，右手護肩掌（熊形也）（圖 11-16）。翻身回練方法是，左腳在前右轉身，右腳在前左轉身，變護肩掌再向前捋手即可。

應用法：以齊眉拳擊敵時，敵若以右手上格，即進左步，以左掌變拳沖擊之胸肋。凡與敵交手，遇敵上身

圖 11-16

後仰，或向上挑格我手，均可用此式擊之。用形意拳三點步打直刺拳同然，拳擊亦是此法擊頭部而已，只不過戴手套綿緩保護之。惟須坐式進擊，節短而勢猛，則可操勝券。切記拖泥帶水，散緩失機。

第三路　翻身撇身捶

用法歌訣

三體開式護肩掌，起手鷹捉不用忙。

回捋前劈罩面掌，翻身顧後撇手捶。

回身雙捋順手炮，兩捶連環寸踐到。

撇身捶撇者，撇開之意也。撇身捶即撇開身勢，以捶擊敵也。在國術名詞中，撇字有轉翻折疊之意，如形意炮拳同然。此路動作，以回身、翻身兩者組合而成，注重身法，故有此名。

第一式　回身架打

以三體式變護肩掌開式，右手鷹捉捋手，進左腳左手打撲面掌（圖 11-17）。左腳回扣，向右後轉 180°，起右手握拳起鑽，右腳向身後右前方邁進，右拳上架，橫左拳打出，右腿向右前方邁定（圖 11-18）。注意邁步回身時，要伸腰助勢，提後腿之力，送達拳端，但腳跟不能離地。

應用法：敵由右前方或左後方

圖 11-17

圖 11-18　　　　　　　　圖 11-19

來擊，即回身順手架打，如形意翻身炮拳也。經常設以順手扣拿敵腕，敵用左手格架，我貼身上挑敵左臂，撤替右臂前擊敵胸面。

　　此式應用形意拳謂炮拳，八卦謂單換摘撞掌，太極拳謂玉女穿梭，用時密接敵身，用的是「近」字訣。

第二式　翻身雙捋

　　接前式。向左轉身，右腳以腳跟為軸，左轉約 180°，同時兩手作捋手狀，向上作捋手狀如拋物線形，右手在上，左手在下，置於左膝旁，左腳虛步腳尖著地，斂撤至距右腳約 20 公分，成丁字形，重心多在右腳（圖 11-19）。注意向後翻身，變前步為後步，後步為前步，身即翻矣。其主要為兩手雙捋扣拿（向左翻身，左手捋、右手扣拿，向右翻身則反之），前步動中縮勁內斂。雙捋之手須卸勁於左膝之外落空，免敵力壓己身。演練時動作務當

靈速而聯貫。

圖 11-20

　　應用法：敵由身後擊來，翻身雙捋其臂，敵臂落空前傾。遇敵交手時要意注身後。雙捋之法實為少林拳的金貓倒撲鼠，形意拳的狸貓倒上樹之用法。翻身以左手捋，右手扣拿敵左臂，釋開左手變拳或掌前擊敵胸面，為擊無不中之法。

第三式　進步架打

　　進左步，以右手上架，左手打出，兩手則皆作拳，蹲作乘馬式（圖 11-20）。注意進步時左步隨之跟進，肩胯相合不偏，腰脊直立。練時以意送全身之力，勁力達於兩拳。

　　應用法：用雙捋手將敵扣捋，若敵向上挑格，即釋右手挑捌敵之右手，以左手變拳前擊胸面。凡用捋手，不分單雙捋手，敵用掙奪之力，即用另一手倒換，摘撞捌變進擊。此法是岳武穆王在形意、八卦、太極、少林拳中陰陽回環掌捌法之精華。

第四式　上步勾摟鑽打

圖 11-21

　　上右步進右手打出，仍作乘騎式（圖 11-21）。鑽打與架打，大同小異，有講展打者，上架之手，不必大挑，稍開即進，形如鷂子入林，抿翅

而進，蓋其致用較架打更接近。上架
時，與敵腕相搭，用圓勁向外化走，鑽
身即進，猶如形意拳鷂子入林然。

接練下式或翻身時，起左拳鑽裏，右
前腳回扣，斂回左腳再向左後方打撇身
炮拳（圖11-22）。續練向右翻身均以雙
捋變式進步架打。左腳在前右翻身、右
腳在前左翻身雙捋再向前架打。左右要
求相同，惟方向相反。練時手腳動作務

圖11-22

應連貫迅速，勿稍游移，因在實際上，
稍緩即不能動進，故於演練時，須養成連速之習慣。

應用法：以前式架打後，敵若格我左手，即向外化
走，此看似挑似架，實可如鈎如摟，綜其真義，利用敵勁
落空，乘機而進。故鑽身達其胸腹，兩手之勁，皆須沉著
靈動。凡遇敵臂手相搭時，無論敵用架用搬，均向外化
走，乘勢以沾手進擊。但擊時，鑽身進步則可勝，若探
打，則無不能矣。

第四路　葉底藏花捶

用法歌訣

三體開式護肩掌，起手鷹捉不用忙。

前捋後扣用摜掌，有手擋架抱裏拳。

纏管巧勾打肋間，斜劈拗步敵自翻。

此路之名，自岳武穆散手而來，屬象形取義橫拳之用
法，亦有講肘下捶、攔腰捶者，其動作虛實相間，變化多
方，誠妙手也。

圖 11-23　　　　　　　　　　圖 11-24

第一式　三體式變護肩掌上步扣手

三體式護肩掌同前，進右手起手鷹捉拿腕，再進左腳捋扣敵之右肘（圖 11-23）。注意捋手及扣手狀，皆非拳非掌，手指內攏，右手含捋勁，左手含扣勁。右肘貼肋，左肘下沉，兩膝內扣，脊骨要直。

應用法：以右手捋敵右腕，上左步扣敵右步，以左手扣敵右臂。坐勢下沉，制敵之半身，使敵失卻一半抵抗力，然後從容擊之。扣敵後，我身愈向右轉，則敵愈不能抵抗。但務得其中，勿有過與不及之弊。

第二式　橫貫掌

接前式。左手緊扣不移，以右手作掌橫貫用鞭勁。扣手要緊，敵不能抗，一釋右捋手，即作橫打貫耳掌，身應更向敵前貼靠。橫摜時，肩膀要鬆，掌心蓄力（圖 11-24）。

圖 11-25　　　　　　　　　　圖 11-26

　　應用法：左手扣敵，右臂不動，右手作掌，橫摜敵面，約在太陽穴部位，實殊則危也。此手遇實則虛，遇虛則實。

第三式　攔腰捶

　　向後卸身，稍斂左步，右掌撤回作捋拿狀橫於胸上右側，掌心向外，隨以左手上挑，臂向上屈抱（圖 11-25），右肘下沉貼肋，以右手攔腰後擊，置左肘下，拳眼向前，仍開左步（圖 11-26）。注意身之一卸一進，步之一斂一開，以及左手之挑，右手之擊，皆須動作合拍，與應用之意不違。

　　應用法：以前式貫耳掌擊敵左臉部，敵必以左手挑格，即隨其挑勁，沾敵手後撤，則敵臂必伸直，再以左手穿其肘後上挑向後，愈高愈可得勢。架過我頭之後，即以右拳擊其左肋。若扣住敵步，則於挑起後，我身向左一

撺，不待拳發，敵即倒矣。若使用貫
耳掌時，敵手不挑而下扣時，則右手
回撤，向外翻掌将其左腕，仍穿左臂
於敵左肘後，左臂內合，右手向外推
按抖力，則敵臂可折矣。惟此類著
法，均須以腰勁助勢，抱肘式獅子抖
毛用法即此意也。

第四式　翻身式

圖 11-27

　　右後腳向右前方斜邁一步，變右
手護肩掌，如圖 11-27 所示，再練下式，均以護肩掌變将
扣手。左右要求相同，惟方向相反。翻身後練時，左腳在
前右翻身，右腳在前左翻身，變護肩掌再練。

第五路　仙人掌舵式

用法歌訣

　　　　三體開式護肩掌，起手鷹捉不用忙。
　　　　前劈用的翻背掌，十字捆手巧勾忙。
　　　　托肘踏胸隨勢用，撲按勁力全身攻。

　　此路專重擲人，發勁時須有定力，則擲發準確。其擲
發時如掌舵式，故又名推山式。太極拳的如封似閉推按
式，少林拳的雙推碑，形意八卦拳虎形撲打式，其根源都
是岳武穆王雙推掌。

第一式　三體式變護肩掌

三體開式變左式護肩掌（圖 11-28）。

圖 11-28　　　　　圖 11-29　　　　　圖 11-30

第二式　上步撇面掌

右手起手鷹捉變捋手，左手前援打反背掌，又名虎尾鞭。上左步，左掌從右肩前用反背掌前擊，掌心向內，右手仍作捋手狀，橫於胸前護心（圖 11-29）。注意此式與撲面掌相似，只不過此式是用手背鞭擊。

應用法：以右手捋敵腕，左手用反背掌擊敵之面，誘敵格架，則轉掌用意捋其腕，此著在本式為虛手，意在擲發敵人，為下式合手、雙推虎撲做準備。

第三式　十字合手

左手轉掌下合，右手仍增用捋勁，隨之下合，兩肘束肋，上體稍屈，勢下蹲。曰拿合手，引化拿發也。如圖11-30 所示。

應用法：兩手十字交叉，捋敵腕下合，身稍屈，肘貼肋，動中縮勁飽滿。此時敵不掙扎用發，若掙扎適助我發

勁也。且雙捋下合，敵必前傾，前傾則必後掙，此自然之力。若有懂勁之手，順我合手而進，則我由前撲變為閃身向斜方單捋之，令其落空，隨即用撩手擊其面部。

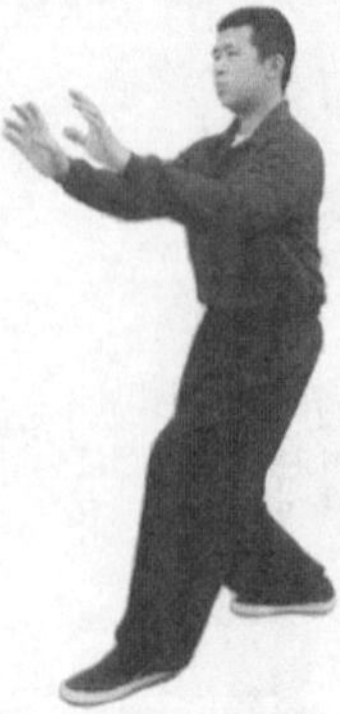

第四式　雙推掌

雙推掌是岳武穆王創形意拳，體現基本功力的實用拳法。形意拳打虎撲雙推掌若不能將人撲倒擲出，拳法功夫虛假空練，不得真傳也。練法如下。進左腳，右腳跟進，雙手向前推撲（圖11–31）。注意撲時，要用腰力，內力要前丹打後丹，臀收尾坐，發猛虎坐窩之力。

應用法：用合手時，敵若掙扎，即進步按其兩肘，內合前推；如敵手已開，照準胸部平推直按，用整勁將敵擲出。內功高時，搭手敵莫之能禦用內力能將敵擊出數步之外。

第五式　翻身護肩掌

右腳向右前方邁出一步，變右手護肩掌（圖11–32）。下練左右方向相反，要求相同。翻身時左腳在前右翻身，右腳在前左翻身，變護肩掌再練。

圖11–31

圖11–32

第六路　霸王捆豬式

用法歌訣

三體開式護肩掌，起手鷹捉不用忙。

抓手托肘滾切翻，拔背坐臀雙推手。

捋帶巧勾拍打走。

順領捌變穿梭手，狸貓上樹藏裡頭。

此路之名，形容勇猛無敵，為捆字訣，捆之可隨意擲打，莫之能禦。名雖欠雅馴，尊重傳承，以存其真。捆手與摔跤術之抖麻辮相同。

第一式　三體式變左式護肩掌

如圖 11-33 所示，要求同前。

第二式　捋手捆拿式

圖 11-33

右手捋手抓拿敵腕，起手鷹捉，上左步用左手拿肘，如圖 11-34，如拿抖大槍然。雲龍師講，先師劉德寬用此法抓手拿肘，向上一翻抖，能將對方發出丈餘騰空而出。

第三式　滾切翻抖式

我用兩手將敵手之一臂捋拿，敵處於被動地位。我用肩肘向上滾切敵胸腋部位，敵必拔根而起。再順勢下勾上發

圖 11-34

圖 11-35

圖 11-36

虎撲，敵猶如被捆後而拋出。如圖 11-35 所示。

　　應用法：滾切翻抖之用法如上述，如用單手時，左手向上托敵肘，釋開右手前發敵之胸肋腋下。發時用左腳勾敵之右腿，為形意拳狸貓上樹之用法。

　　如練下式時，右後腳向前邁一步，變為右手護肩掌（圖 11-36）。翻身時均由左右護肩掌變式，左腳在前右轉身，右腳在前左轉身。其要求可參閱上述左式，要求相同，惟方向相反。

第七路　二龍戲珠式

用法歌訣

　　　　三體開式護肩掌，起手鷹捉不用忙。

　　　　前捋後砸截面掌，抱裏沖捶向前蹚。

　　　　臂手好似虎尾鞭，五花炮打步盤旋。

　　二龍戲珠式，太極為抱琵琶式，實際為岳武穆王所創形意拳五花炮的變手。

圖 11-37　　　　　　圖 11-38　　　　　　圖 11-39

第一式　三體式變護肩掌

練習方法如圖 11-37 所示，要求同前。

第二式　捋砸戳指

從左式護肩掌開始，右手起手鷹捉捋拿，進左腳，用手握拳自上而下掄圓下砸，如圖 11-38 所示，隨即釋右手二指前戳，如圖 11-39 所示。

注意前六路用掌，此路用拳下砸。上身注意向左側轉閃，實際應用時，須防敵人左手探掌擊。雖含閃意，也必緊貼敵身黏逼不離，勁應集中於左拳，下砸時勁力下沉。黏靠埋擠敵身，再用二龍戲珠戳擊。

應用法：下砸法是形意拳的虎尾鞭、截手五花炮，太極拳的栽捶的用法。用時稍用捋勁，敵必前傾，他手必後墜，不暇來防，我乘機探掌擊打，敵目必被創矣。亦有五指齊戳者，也有抓擊敵面者，名曰鷹抓手是也。此著有實

圖 11-40　　　　　　圖 11-41　　　　　圖 11-42

擊與虛著要手法，須明辨之。

第三式　抱肘直打

向前戳擊之右手回撤變捋拿，左手向上抱裏（圖 11-
40）。左腳前進寸步，右腳隨進的同時，釋開右手向前打
直擊拳（圖 11-41）。

應用法：此式重用截法，要手捋抱為截折法，與第四
路葉底藏花攔腰捶的用法相同。順手挑抱直打也可，但下
步必勾敵足，為八翻手擊無不中之計。拗手挑抱用截折敵
臂，抱挑過肩用背上斜飛拋擲也。

第四式　上步護肩掌

右腳向前邁一步變右護肩掌，如圖 11-42 所示。練法
參閱上述之法，其要領相同，惟左右方向相反。翻身法，
左腳在前右轉身，右腳在前左轉身，均以護肩掌開始變
式。

第八路　擺肘壓打捶

用法歌訣

　　　三體開式護肩掌，起手鷹捉不用忙。

　　　後手援上翻背掌，掩肘肱捶頂心上。

　　　下壓上挑連環捶，摘撞劈砸面門上。

　　擺肘是形意、八卦、太極拳的護心之顧法，正如形意拳經講的，肘不離肋，手不離心，出洞入洞緊隨身是也。本路重以捆拿勝人，著法必近身致用，不貴花著贅勢。其勝敵之妙，善於用肘；肘之擺運，變化莫側，附以壓挑之法，結合綿密，故名擺肘壓打捶式。

第一式　三體式變左式護肩掌

　　練習方法如圖 11-43 所示，要求同前。

圖 11-43

第二式　抱裹捶

　　左腳前邁，右手捋拿，左掌握拳屈臂抱裹（圖 11-44）。

　　應用法：右手捋拿，用左臂向內抱掛，是太極拳引化拿發之術的應用。

第三式　掩掛栽打

　　左手沉肩墜肘，用肘向回掩掛，右手

圖 11-44

圖 11-45　　　　　　　　圖 11-46　　　　　　　　圖 11-47

向前打出栽捶（圖 11-45）。注意左肘回掛和右手前栽勁力相合為一。

應用法：掩肘可單封單進，即用左手向下滾掩，再用左手前擊。也可一手裹掩，另一手前擊。拋擲時左手要回掛其臂，右手向左自上向下斜劈，斜劈時不但要回掛前發之手左右相合，而且要手腳上下相合。擺肘掩掛有下夾上夾之分。掩掛栽打，與太極栽捶相似，凡是夾臂抱拿敵掙扎時，即變發手。

第四式　壓挑手頂心捶

當右手打出栽捶時，敵必上挑格或是向下壓砸，我隨勁變手，敵上挑我用挑打，謂形意拳烏龍入洞，如圖 11-46 所示。如敵向下壓砸，我用壓手頂心捶，即少林拳喜鵲登枝，如圖 11-47 所示。步法以乘馬式，為緊逼短馬捶。

應用法：以上手法講是打頂心捶，也可上打咽喉，下打陰，左右兩肋併中心，實為形意拳崩拳變手而已。壓挑

手有空就入，見孔插針。

第五式　迎面砸捶

左右手握拳十字相搭，左手在外向上滾挑，右手在內向下砸，左手在外，前步稍內斂蓄勢，盤旋進左步，用右拳迎面砸擊，拳心向內名為反背捶（圖11-48）。

注意上挑時步要斂，身進捶擊，各式動作，前進須存後退意，上挑須含下壓意，所謂有「開合勁、往復勁」。習拳內勁之重要，凡起手高起，要用意為主，用力為次。故易言上九曰亢龍有悔也，學者玩悟之。

圖11-48

應用法：應用壓手頂心捶時，敵如雙手掙脫，盡力上格，我即以左手前臂橫臂上挑，右手在上，隨之高起，如搭十字。挑起後，以右拳砸擊敵面。凡挑高敵手過頭之勢，皆可以此法而擊之。惟動作須迅速，否則中下兩盤過空，敵手雖不及進，尚應防其用腿也，常山之蛇首尾相應之喻，不可不思矣。

第六式　翻身變護肩掌

右腳向前上方邁出一步，變右護肩掌式，如圖11-49所示。右式練法要求與左式相同，惟方向相反。翻身練法，均是左腳在前右轉身，右腳在前左轉身，以護肩掌變式而練之。

圖11-49

附　李雲龍師拳術師承傳系表

(一)李雲龍師形意拳師承傳系表

姬隆鳳　山西省蒲州（今永濟）人（創形意拳傳系字輩）　第一代
↓
姬　壽　　　　　　　　　　　　　　　　　　　　　　　　第二代
鄭某某（不露名）
曹繼武　池州人
↓
馬學禮　河南人　　　　　　　　　　　　　　　　　　　　第三代
↓
馬三元　河南人　　　　　　　　　　　　　　　　　　　　第四代
↓
張　聚　河南人　　　　　　　　　　　　　　　　　　　　第五代
張志誠　河南人
↓
李　政　河南人　　　　　　　　　　　　　　　　　　　　第六代
↓
戴隆邦　山西祁縣小韓村人　　　　　　　　　　　　　　　第七代
↓
戴文英
戴文雄　戴隆邦之子　　　　　　　　　　　　　　　　　　第八代
戴文俊
↓
李洛能　河北深縣豆王莊人，字飛羽，號老能　　　　　　　第九代
↓

李太和	洛能之子	第十代
↓		
李振邦	老能之孫、太和之子	第十一代
↓		
薛　顛	河北束鹿人，曾擔任天津國術館教務處長、館長職務，著有《形意拳講義》《象形拳法眞詮》等書	第十二代
王錦泉		
呂風山		
李雲龍	內蒙古包頭人，祖籍趙縣，編有《拳法秘要》手抄本	
↓		
李玉栓	河北省石家莊市人，祖籍趙縣，2003年著有《形意拳體用功法學》一書，由山西科技出版社出版發行	第十三代

(二)李雲龍師八卦掌承傳系表

董海川	河北文安人，創八卦傳系字輩	第一代
↓		
程廷華	外號「眼鏡程」	第二代
↓		
何雨波	山西國民師範學校武術教官	第三代
↓		
李雲龍	中國著名武術家、形意八卦太極拳名家	第四代

(三)李雲龍師楊式太極拳師承傳系表

楊露禪		第一代
↓		

紀子修   第二代
楊班侯
楊健侯
↓
楊澄甫   第三代
↓
張欽林   第四代
↓
王延年 臺北市著名武術家   第五代
胡躍貞 著名武術家
李雲龍

(四)李雲龍師岳氏八翻手師承傳系表

　　八翻手集岳氏連拳和岳氏散手之精華,由少林高僧(不露姓名)傳於世間,經數代演練精選,有記載的是由形意、八卦名家劉敬遠(字德寬,是形意拳大師劉奇蘭高足)整理編創為八路拳法,集少林、形意、八卦、太極、跤術之精華,其後人傳承以劉德寬為第一代。

劉敬遠 字德寬,外號大槍劉,形意、八卦名家 第一代
↓
紀子修 楊露禪的高足   第二代
劉恩綬 字殿生,劉德寬高足
↓
王新午 山西汾陽人,曾拜紀子修、吳鑒泉學 第三代
↓   太極拳,特向劉恩綬學習八翻手
李雲龍 1930年在山西太原拜王新什為師學習太極拳 第四代
    和八翻手
王錦泉 著有《八翻手》一書

作者簡介

李玉栓先生 係河北省石家莊市人，祖籍趙縣，生於1952年，大專學歷，工程師。

自幼喜文樂武，花拳繡腿受益於父老鄉親，曾多方求師學藝。於1986年拜中國著名武術家、太極八卦名家、形意拳嫡傳第十二代傳人李雲龍為師。雲龍師是李振邦先生（李洛能嫡孫）的高足，在形意拳、八卦掌、太極拳方面有很高造詣，達三拳合一、拳道相合之境。後又跟中國著名跤術大師楊瑞亭（號楊八郎）入室弟子、著名跤術名家李蘭田老師學習跤術。

著有《形意拳體用功法學》一書，由山西科技出版社於2003年5月正式出版發行。

導引養生功 系列叢書

- ◎ **1.** 疏筋壯骨功
- ◎ **2.** 導引保健功
- ◎ **3.** 頤身九段錦
- ◎ **4.** 九九還童功
- ◎ **5.** 舒心平血功
- ◎ **6.** 益氣養肺功
- ◎ **7.** 養生太極扇
- ◎ **8.** 養生太極棒
- ◎ **9.** 導引養生形體詩韻
- ◎ **10.** 四十九式經絡動功

陸續出版敬請期待

張廣德養生著作

每冊定價 **350** 元

全系列為彩色圖解附教學光碟

國家圖書館出版品預行編目資料

拳道功法學／李玉栓　編著
　　──初版，──臺北市，大展，2006〔民95〕
　　面；21公分，──（武術特輯；80）
　　ISBN　957-468-454-7（平裝）

1.拳術─中國

528.97　　　　　　　　　　　　　　　　　95004131

拳道功法學

ISBN 957-468-454-7

編　　著／李 玉 栓
責任編輯／朱 曉 峰
發 行 人／蔡 森 明
出 版 者／大展出版社有限公司
社　　址／台北市北投區（石牌）致遠一路2段12巷1號
電　　話／（02）28236031・28236033・28233123
傳　　眞／（02）28272069
郵政劃撥／01669551
網　　址／www.dah-jaan.com.tw
E－mail／service@dah-jaan.com.tw
登 記 證／局版臺業字第2171號
承 印 者／高星印刷品行
裝　　訂／建鑫印刷裝訂有限公司
排 版 者／弘益電腦排版有限公司
授 權 者／北京人民體育出版社
初版1刷／2006年（民95年）5月

定　價／300元

大展好書　好書大展
品嘗好書　冠群可期

大展好書　好書大展
品嘗好書　冠群可期